JN118146

人口減少と危機のなかの地方行財政

自治拡充型福祉国家を求めて

平岡和久 著

自治体研究社

はしがき

21世紀の日本の地方自治と地域社会は、小泉政権の構造改革の登場から安倍政権にかけて20年に及ぶ緊縮政策の影響とともに地方自治の基盤を破壊する政策の影響を受けてきました。

20年にわたる公共部門の基盤の棄損と空洞化が進む状況のもとで、2019年10月の消費税増税、それに引き続き、2020年からの新型コロナウイルス感染症の世界的大流行が起こりました。公共部門の脆弱化により、危機への対応において困難な状況が起こっています。特に住民生活と地域の維持の最前線である自治体の空洞化の問題は深刻です。感染症対策の最前線である保健所は保健所再編により数が減少したうえに職員削減が行われてきました。そのなかで厚労省の指示のもとで相談や積極的疫学調査に追われました。PCR検査を担っている各地方の衛生研究所の職員も削減されています。感染症に対する医療体制についても人的体制の不十分さとともに集中治療室や人工呼吸器が不足するなど脆弱性が露呈しています。そのうえ感染症に対する検査と隔離の徹底といった基本的対策がきわめて不十分な点など政府の不作為が事態の深刻化を招いています。

この間、なぜ公共部門、特に自治体行政体制は脆弱になったのでしょうか。地方行財政のあるべき姿はどのようなものでしょうか。どうすれば、状況を変え、望ましい姿に向かうことができるでしょうか。

本書では、このような疑問に答えるため、新自由主義、財政再建至上主義、および人口減少社会危機論という3つの議論を批判的に検討しながら、公共部門の再建および地方自治拡充の観点から日本の地方財政の現状と政府の地方行財政政策を検討します。そのうえで、これからの地方行財政のあり方や自治体現場の政策課題を考えていきます。

なお、本書を読むにあたって、地方財政の基礎的知識があった方が理解しやすいとおもわれます。巻末資料にあげる森（2020）や初村（2019）などを合わせてお読みいただければ幸いです。

2020年5月25日　　　　著者

『人口減少と危機のなかの地方行財政』目次

―自治拡充型福祉国家を求めて―

はしがき　*3*

1. 危機下における財政 ―何が問題か―……………………… *9*

1　消費税10%、新型コロナがもたらす危機
　：緊縮政策の転換を阻む３つの議論　*9*

2　緊縮政策を求める財界の姿勢　*16*

3　新型コロナ対策と緊急経済対策をめぐって　*18*

4　市場主義的グローバリズムからの転換と内発的発展を　*23*

5　補論１「117兆円経済対策」の内実と
　４月後半時点での状況について　*24*

6　補論２　新型コロナに対する緊急事態宣言による経済悪化と
　緊急事態宣言の延長　*28*

2. 安倍政権と人口減少社会危機論……………………… *31*

1　地方創生政策と人口対策の登場　*31*

2　人口減少時代における地方行財政改革の２つの道？　*33*

3　地方創生戦略における「積極戦略」と「調整戦略」　*35*

4　地方創生政策の背景としての社会保障財政危機論と
　東京危機論　*37*

3.「失われた20年」と地方財政……………………… *41*

1　小泉構造改革と地方財政　*41*

2　アベノミクスと地方財政　*50*

3　2014 年消費税増税と地方財政　*53*
4　「新しい経済政策パッケージ」と骨太方針 2018　*55*
5　地方財政の悪化　*56*

4. 2020 年度政府予算と地方財政 …………………………… *65*
1　2020 年度政府予算と地方財政政策にかかわる議論動向　*65*
①地方財政審議会の意見／②財政制度等審議会の建議
2　緊縮政策下の 2020 年度政府予算　*66*
①経済対策と 2019 年度補正予算／② 2020 年度政府予算
3　2020 年度地方財政対策　*69*

5. 自治体戦略 2040 構想と地方財政 ………………………… *73*
1　安倍政権の未来投資戦略と経済財政政策　*73*
2　安倍政権と集権的地方財政改革　*74*
3　自治体戦略 2040 構想　*76*
4　自治体戦略 2040 構想研究会報告への批判　*86*

6. 緊縮政策下での集権的地方財政改革を問う ……………… *91*
1　ふるさと納税制度を問う　*91*
2　地方創生関係交付金　*95*
3　地方交付税におけるトップランナー方式　*98*
4　地方交付税における成果配分方式　*104*
5　公共施設再編の促進　*107*
6　自治体業務改革とアウトソーシングの促進　*111*
7　公営企業の経営改革　*116*
8　小括　*124*

7. 連携中枢都市圏と地方財政 …………………………………… 125
1 「自治体戦略 2040 構想」下での連携中枢都市圏は
自治体間の対等平等な関係を壊す 125
2 連携中枢都市圏の現状をどうみるか 129
3 定住自立圏および連携中枢都市圏の問題点・課題 131
4 連携中枢都市圏において
圏域行政が制度化されればどうなるか 133
5 第 32 次地方制度調査会における検討状況と
「新たな圏域行政」法制化問題の行方 136

8. 小規模自治体の自律と自治体間連携 ……………………… 141
1 小規模自治体の自律プランの展開
：長野県泰阜村の事例を中心として 141
①小規模自治体の「自律（自立）プラン」を振り返る
②「自律（自立）プラン」から 10 年目の検証―長野県泰阜村を事例に―
2 自治体間連携のあり方と都道府県の役割 155
3 長野県における自治体間連携 157
4 自主的な市町村間連携と
都道府県による市町村補完の発揮を 162

9. 自治体現場に求められる政策分析 ……………………… 169
1 自治体の活動と公共性 169
2 自治体行政と政策分析 175

10. これからの地方財政……………………………………………… 183
1 21 世紀日本の課題と地方自治・地方財政 183
2 21 世紀日本社会の問題の背景と解決の方向性 185

3　人間中心の地域再生・内発的発展と地方財政　*188*

あとがき　*191*

参考文献一覧　*194*

1. 危機下における財政　—何が問題か—

本章では、消費税増税・緊縮政策と新型コロナウイルス感染症がもたらす危機をとらえるとともに、コロナ危機への対応にマイナスの影響をもたらしている緊縮政策がなぜ転換できないのかについて検討します。そのうえで、コロナ危機に対応する政策と財政のあり方を考えます。

1　消費税 10％、新型コロナがもたらす危機
：緊縮政策の転換を阻む 3 つの議論

日本経済は、消費税増税の影響の表面化、米中貿易摩擦、海外経済の下方リスク懸念といった状況の中で 2020 年を迎えました。それに加えて、**新型コロナウイルス**がパンデミック状態になり、各国で出入国制限や社会経済活動の制限が相次ぎ、世界的に深刻な影響をもたらしています。

2019 年 10 月からの**消費税増税**が日本経済に及ぼす影響は深刻なものがあります。内閣府の発表によると、2019 年 10 月の景気動向指数はマイナス 5.6 ポイントと 2014 年 4 月の消費税増税時（マイナス 4.8 ポイント）よりも悪化しました。総務省の家計調査でも、2019 年 10 月～12 月期の総世帯の消費支出（変動調整値）が前年同期比で実質マイナス 4.7％、名目マイナス 4.1％ と落ち込んでいることが報告されています。さらに内閣府の発表によると **2019 年 10－12 月四半期の実質 GDP 成長率は年率マイナス 7.1％**（二次速報値）ときわめて深刻な落ち込みをみせています。名目成長率でみても消費税引き上げの物価上昇効果にもかかわらず年率マイナス 5.8％ です。なかでも GDP 成長率のうち家計最終消費支出は年率で実質マイナス 11.1％ となっており、名目でもマイナ

ス9.0%ときわめて大きく落ち込んでいます。

2020年初頭から認知されはじめた新型コロナウイルスは、中国、韓国、日本での感染拡大に続いて、欧州、米国などで爆発的に感染が広がり、WHOがパンデミックを宣言するにいたりました。当初多くの感染者および死者を出した中国において新規感染者数が減少するなかで、欧州・米国等ではきわめて深刻な感染拡大が起こり、イタリア、フランス、スペイン、米国などで「外出制限」が行われるなど欧米をはじめ世界各国で社会経済機能が麻痺する状況に陥りました。米国が中国からの入国を拒否、欧州が域外からの渡航を制限、日本が欧州からの入国を制限するなど、人の国際的な移動が制限され、世界経済に深刻な打撃となる措置がとられました。各国で外出制限や店舗・施設の閉鎖などの措置をとったため、消費需要が激減し、経済全体が麻痺し、中小企業・小規模事業者や個人事業主は倒産の危機に瀕し、失業・休業により所得が失われ、生活の危機に直面しています。このような状況が世界に広がったため世界的に株価が暴落するとともに世界経済は後退局面に入り、世界恐慌の様相を見せ始めています。

日本においても感染拡大が続くなかで、政府は新型コロナに対する世界標準となっている検査方法であるPCR検査について、行政検査として帰国者や感染者の濃厚接触者を中心に積極的疫学調査による検査を進める一方、「37.5度以上の発熱が4日以上」といった目安を示したことから、保健所等では、一般の発熱等の症状のある検査希望者や医師からの検査要請に対して検査を絞る対応をとってきました。また、PCR検査の保険適用後も保健所等を通じた検査以外の検査数が増えず、各国と比して極めて少ない検査実績が抜本的に改善されない状況が続いています。そのため、感染者の実態がきわめて不十分にしか把握されない状況が続きました。症状のある人への検査が不十分なうえに無症状の感染者を把握することができないため、各地で深刻な院内感染が広がることになりました。また、政府の機動的な予算措置が取られなかったことから、防護服、マスク、人工呼吸器等の医療機器の不足する医療機関への対応や、重症者に対する病床確保や地域における医療機関の役割分担を含む医療体制の構築も遅れました。

厚労省によれば、4月18日時点での国内陽性者数は1万人を超え、4月25日時点では1万3031人となりました（それ以外に、クルーズ船ダイヤモンド・プリンセス号の感染者が672人)。4月25日時点の死亡者は348人、クルーズ船事例を合わせると361人となっています。図1-①は都道府県別のPCR検査実施人数に対する陽性者数の割合と100万人当たり陽性者数をみたものです。データは厚労省ＨＰにおいて2020年4月18日に掲載されたものであり、2020年4月17日までのものとなっています。それによると、都道府県別のPCR検査実施人数に対する陽性者数の割合と100万人当たり陽性者数は相関関係がみられます。全国のPCR検査実施人数に対する陽性者数の割合は10.3％と高く、PCR検査が十分に行われていないことを示唆しています。なかでもPCR検査実施人数に対する陽性者数の割合が高い都道府県は順に東京都、大阪府、千葉県、神奈川県、石川県、埼玉県などとなっており、それらの都府県は人口100万人当たり陽性者数も高く、この時点では感染者の増加にPCR検査が追いついていなかったことを示唆します。あるいは、PCR検査が十分に行われていないことが感染者の増大につながっているのかもしれません[1]。ただし、東京都などの検査人数の数値には民間の保険適用の検査等は含まれておらず、正確な陽性率も算出できていないことから、図1-①のデータ自体はきわめて不正確なものであるといえます。感染の集積する東京都のデータが不完全である

1　都道府県別PCR検査実施人数については、東京都などは民間検査等の数が都に報告されるのが遅れるため、正確な検査実施人数の把握がタイムリーにできないことが報道されており、検査実施人数に対する陽性者割合はやや割り引いてみる必要があります。それでも東京都の比率が高いことには変わりありません。

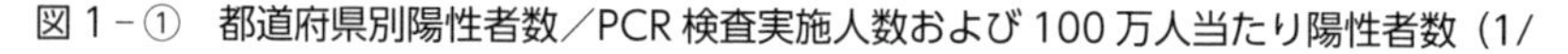
図1－①　都道府県別陽性者数／PCR検査実施人数および100万人当たり陽性者数（1/

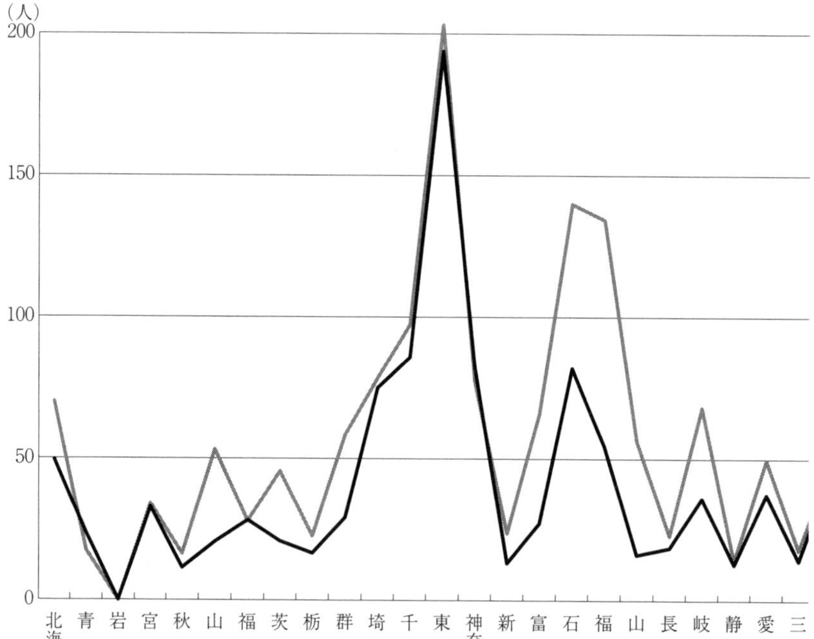

＊都道府県別の検査実施人数は政府の疑似症サーベイランスの枠組みのなかで上がった数を計上しており、各

ことから、全国のデータも同様に不完全なものとなっています[2]。データの不完全さとともに、人口当たり検査数そのものが諸外国と比してきわめて少ないことから、実際の感染者数は判明している感染者数をはるかに上回ることが指摘されています[3]。日本においては、政府や自

2　さらに、2020年5月11日の東京都の発表によると、東京都の陽性者数に111人の報告漏れがあるとともに35人分を重複カウントしていたことが判明したといいます。このことから、これまでの発表分に76人がプラスされることになります。なお、東京都は5月7日以降、医療機関での保険適用分を含めたPCR検査数を分母とする陽性率を公表し始めましたが、それによると5月10日の陽性率（7日間移動平均値）は5.9％となっています。

3　神戸大学等の研究グループや大阪市立大学の研究グループによる一般の患者の抗体検査による研究では陽性率が1～3％の数値が出ており、市中感染者数がPCR検査による陽性者数をはるかに上回る可能性が示唆されています。

15−4/17)

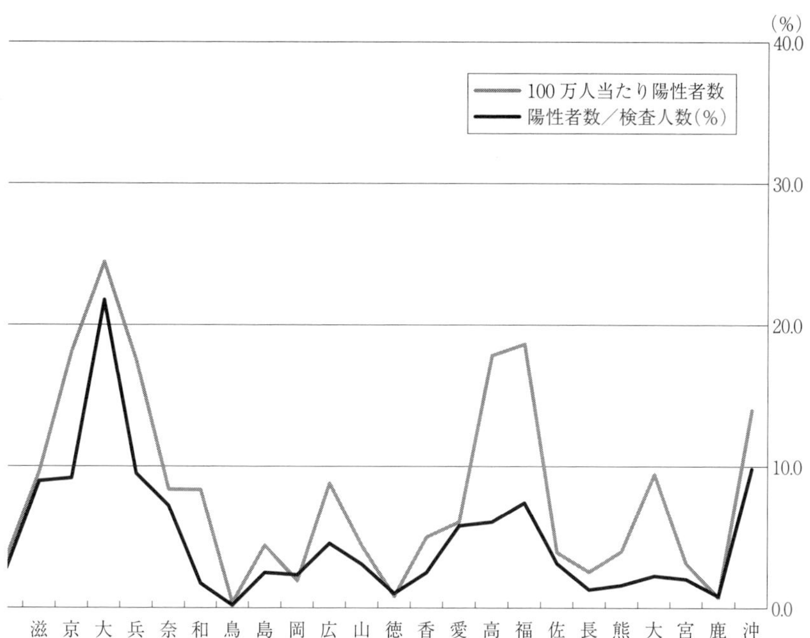

自治体で行った全ての検査結果を反映しているものではない（退院時の確認検査は含まれていない)。

出所：厚労省公表資料（2020年4月18日時点）より作成

治体は正確な実態把握とそれにもとづく分析がないままで対策を進める状況になっており、エビデンスが欠落したままで政策判断が行われていることへの危惧が出ています。

政府は緊急対策として、個人向け緊急小口資金等の特例措置、中小・小規模事業者への無利子・無担保融資の資金繰り支援、雇用調整助成金の特例措置の拡充、国税・社会保険料の納税猶予措置などをとりました。地方税については自治体に納付猶予等の措置を要請し、また公共料金の支払い猶予等についても関係機関に要請しました。また、医療崩壊が懸念されるなかで、安倍首相は、感染拡大を防止するためイベント自粛や3月からの小中高校の全国一斉休校要請を行い、現場に大混乱をもたらしました。そのうえ、2019年度の予備費の範囲での対応を前提としたため、イベント中止や休業にともなう経済的損失に対する補償や経済支援はきわめて不十分なものでした。休校にともなう保護者の休業補償は日額8330円に対し、フリーランスに対しては日額4100円の補償にとどまり、差別的かつ不十分なものとなりました。この背景には予備費の範囲で行うという内閣の方針があり、緊縮政策が影響しているとおもわれます。これまでの緊縮政策による社会保障関係費や地方経費抑制策は、危機に対応する自治体の体制を弱め、公衆衛生や医療体制の整備を不十分なものにするとともに、社会的弱者への新型コロナの影響をより深刻なものにしました。

こうしたなかで、2020年度政府予算は修正されないままで成立しました。当初予算の組み換えをいっさい行わなかったため、新型コロナへの緊急対策に必要な予算確保が遅れる一方、歳出面での緊縮政策が継続しており、特に、社会保障関係費のいっそうの抑制が進められようとしています。「経済財政運営と改革の基本方針2018」において**新経済・財政再生計画**が策定され、2019年度から2021年度の3年間が社会保障改革を軸とする基盤強化期間として位置づけられました。2019年12月19日には全世代型社会保障検討会議の中間報告がとりまとめられましたが、そこでは、新経済・財政再生計画にもとづく緊縮政策を前提として国民負担増の方向性が示されています。2020年度政府予算案の段階では介護保険の「2割負担」拡大は見送りとなったものの、75歳以上の高齢者医療の一定所得以上の人の負担は1割から2割に引き上げることなどが打ち出されているのです。高齢者の社会保障自己負担の引き上げは消費税増税とあいまって厳しさを増している日本経済にマイナスの影響をもたらします。また、社会的弱者の負担を引き上げる政策は、社会的弱者への新型コロナの影響をさらに深刻なものにする点で新型コロナウイルス感染症対策としては逆方向の政策です。

地方財政の抑制策も継続しています。後にみるように、2011 年度以降とられてきた**地方一般財源総額を前年度と実質同水準におさめるというルール**が地方財源の充実を阻んでいます。

こうした緊縮政策が肯定される背後には３つの克服すべき議論があります。第一に**新自由主義**です。この考え方のベースには市場の自己調整機能に信頼をおく主流派経済学（新古典派経済学）があります。新自由主義は市場の自己調整に信頼を置くのにとどまらず、様々な政策において市場原理を優先し、政府による介入を縮減しようとします。それは政府関係では規制改革会議に典型的にあらわれており、小さい政府を求め、政府による経済的規制や社会的規制を緩和・撤廃し、民営化等によって公共部門の役割を縮小し、行財政を縮減することが目指されます。

第二に**財政再建至上主義**です。この主張は財務省に根強くみられるものです。その具体的な枠組みとして出されているのが**プライマリーバランス**（基礎的財政収支）**黒字化論**です。財務省にとっての財政再建にはプライマリーバランスの黒字化が必須の条件として設定されています。しかし、高齢社会における社会保障関係費の自然増のなかで日本社会で求められる政府の役割の増大に対応しなければならない時に、プライマリーバランスの黒字化を絶対視すれば、必然的に増税か歳出縮減を行わねばなりません。国民生活よりも財政再建を優先する議論は財政再建至上主義と言ってもよいでしょう。

第三に**人口減少社会危機論**です。その典型的な主張は日本創成会議の「ストップ少子化・地方元気戦略」（以下、「増田レポート」）や総務省の研究会である**自治体戦略 2040 構想研究会**の報告にみられます。人口減少下での東京一極集中が地方の衰退と東京圏をはじめ大都市圏の少子・高齢化による社会保障の危機をもたらすことから、人口対策を行うとともに、人口減少に今から対応して地方の行財政の合理化や地域の再編を進める必要があるというのです。人口減少社会危機論も結局は財政再建至上主義と並んで緊縮政策を肯定する主張につながります。

2　緊縮政策を求める財界の姿勢

以上の3つの考え方は互いに関連しています。そして、3つの考え方からなる政策に利益を見出しているのが財界です。経団連の政策提言をみると、たとえば2012年5月の提言「成長戦略の実行と財政再建の断行を求める―現下の危機からの脱却を目指して―」では、成長戦略と財政再建を同時に進める必要を説き、成長のためには法人税率の引き下げや規制改革による国内需要の発掘が必要だとする一方、財政再建のためには消費税引き上げや社会保障でカバーする範囲の見直しなどによる歳出抑制によってプライマリーバランスの黒字化を達成することを提言しています。地方財政に関しては、国と地方の役割分担の明確化とともに道州制導入を図ることを求めています。

また、経団連は人口減少社会に関する提言を早くから行っており、2008年10月には「人口減少に対応した経済社会のあり方」と題した提言を発表していました。そこでは、人口減少が経済成長の低下、財政・年金制度の持続可能性の喪失や経済社会システムの脆弱化のおそれがあると警告しました。さらに、政府の地方創生政策に呼応した2015年4月の提言「人口減少への対応は待ったなし―総人口1億人の維持に向けて―」では、当面、人口減少そのものに歯止めをかけることを優先課題とし、政府の掲げた「50年後総人口1億人」の目標を経団連としても不可欠としています。経団連の提言で注目すべきは、これまでの新自由主義や財政再建論にもとづく政策提言と異なり、人口目標達成を優先するために有配偶率や有配偶出生率の改善のための有期雇用の正社員化・無期化、子育てサービス拡充、育児・教育にかかる経済的負担軽減などを提言していることです。このことは客観的にみれば自己責任の小さな政府を目指す新自由主義や財政再建至上主義の限界、修正を意味するものとみることができます。しかし、過去の政策の失敗への反省はみられません。

その一方で、経団連提言では、外国人材の受入れ・定住の促進も提言しています。しかし、多様な人材を受け入れ、多文化共生社会をつくっていくためには、教育や社会保障を含め財政負担の拡大がもとめられますが、その点には言及されていません。また、この2015年の経団連提言では財源についての言及はありません。

結局、経団連の人口減少社会に対する提言は具体性に欠けており、人口減少に対する危機感を表明しながらも、従来からの新自由主義的規制緩和論や財政再建論の範囲での人口対策や人口減少に対応した行財政合理化論におさまってしまうのです。

このように新自由主義、財政再建至上主義、および人口減少社会危機論の考え方は日本の財界の主流派の考え方であるだけでなく、小泉内閣以降の政権、特に安倍政権の基本的な思想として深く根をおろしており、行財政政策に反映されてきたといえます。

しかし、人口減少社会危機論における混迷は政策に不整合をもたらしています。もちろん、人口減少問題は日本社会の危機といってよい重要課題ですが、問題は危機の原因分析が全く不十分なうえ、これまでの政策への反省がないままで政策を打ち出しても失敗することです。国家が人口目標をかかげ、トップダウンで「産めよ殖やせよ」政策を推進し、その限りでの財政拡大をはかり、それ以外の分野の財政緊縮は継続するという政策枠組みでは問題解決につながりません。それどころか、教育、社会保障、地方経費をはじめとした緊縮政策は公共部門や公共サービスの機能不全と国民生活の悪化をもたらしています。また、若者の非正規雇用や所得格差の問題は改善されていません。問題解決ができないままで子育て支援等の財源として消費税引き上げが進められればデフレを促進し、経済悪化からかえって地域経済や労働環境の悪化を引き起こしてしまいます。

このように、3つの考え方が、政権の政策をつうじて今日の日本社会の危機をもたらしていると言っても過言ではありません。それに対する対案はあるのでしょうか。人口減少社会とデフレ下における公共部門の果たすべき役割は何でしょうか。どのような政策が求められるでしょうか。財政はどうあるべきでしょうか。これらの疑問に答えるため、続く各章で考えていきます。

3　新型コロナ対策と緊急経済対策をめぐって

岡田（2020a）は、新型コロナウイルス感染症は生物起源による「自然災害」の一つととらえることができるとしながら、自然現象にとどまらず災害時の政策対応やその後のケア、生活・営業の再建など事後対応が重要であると指摘しています。今回の新型コロナに対する各国の平時における公共部門の備えやレジリエンス（柔軟な復元力）とともに、政策対応が人々の命と健康、さらには生活・雇用・経済の維持・再建に大きく影響するものとなりました。実際、すでに自衛隊は空港における検疫支援、輸送支援などとともに、都道府県知事からの要請にもとづく新型コロナに係る災害派遣を行っています[4]。

新型コロナに対する各国の対策は、強い私権制限を伴うロックダウン（封鎖措置）をとる国・地域が多くみられる一方、日本のように強硬措置をとらない国・地域もみられます。日本の当初の対策の特徴は、PCR検査の限定、クラスター対策への重点、および国民への「密閉」「密集」「密接」の「三つの密」が重なる場所を避けるなど行動変容の

4　防衛省によれば、2020年4月27日時点で25都道府県からの要請にもとづく災害派遣を行っています（防衛省「新型コロナウイルス感染症に対する市中感染対応に係る災害派遣等について」2020年4月27日）。

要請です。ただし、日本においても全国的な学校の一斉休校を要請するなど、一部ロックダウンと同様な効果をねらった手法がとられました。しかし、こうした対策のなかでも重大な院内感染が続発し、高齢者施設等での集団感染や家庭内感染も継続的に生じ、感染爆発が心配される局面を迎えました。

日本と同様にロックダウンをとらない韓国では、ドライブスルー方式などで大量検査と隔離を行うとともに、徹底した院内感染防止を行いました。また、スマートフォーンによるGPS追跡やクレジットカードの使用履歴、監視カメラなどの情報によって感染者の感染経路を把握し、感染者が接触した人が出た場所・日時・移動手段を公開しています（住所や職場は非公開）。こうした取組みの結果、韓国では新たな感染者数が急速に減少するとともに、感染経路不明者の割合も低くなっています（金2020、参照）。

欧米の主要国がロックダウン（封鎖措置）をとったため、世界的な経済の縮小が起こりました。**新型コロナショック**による世界的な経済危機のなかで、各国では大規模な経済対策を打ち出しています。日本においては、内閣や東京都が東京オリンピック・パラリンピックの予定どおりの開催に固執したことから新型コロナへの対応が遅れました。日本経済の危機に直面した安倍首相は「一気呵成に思い切った措置を講じる」と表明し、2020年度4月補正予算で大型の**緊急経済対策**を打ち出すことを表明しました。3月28日の首相会見では、事業規模で56兆円を上回る規模の経済対策とし、①民間金融機関をつうじた中小企業・小規模事業者への無利子融資、②中小企業への新たな給付金制度の導入、③中小企業に対する雇用調整助成金の助成率の引き上げ、④所得が減少した世帯など生活困難な世帯を対象とした現金給付、⑤感染拡大が抑制された段階では、旅行、運輸、外食、イベントなどに短期集中の需要喚起策を講じる、といったことを検討するとしました。このうち、①〜④の対策は早急に具体化する必要があるものですが、問題は政府・自治体の対策や要請によって経済的損失を被った個人や事業者に広く補償する枠組みになっているかということと、十分な補償がなされるだけの財政規模と内容になるかどうかです。

経済対策として有力なのが消費税の引き下げです。国民民主党や共産党からは消費税5%への引き下げ案が提案される一方、自民党の一部からも消費税率の引き下げ（0%軽減税率の適用等）が提案されました。しかし、現在のところ安倍政権は、日本経済がきわめて危機的な状況にもかかわらず消費税引き下げには前向きではありません。その背景には、安倍政権や財界が緊縮政策の呪縛や社会保障・税一体改革の財源として消費税に固執していることがあるのです。これでは、今後新型コロナが終息したとみなせば、元の緊縮政策に戻りかねません。

緊急経済対策の検討においては、国会の各会派とも、その前提として、プライマリーバランス黒字化目標に拘らず、赤字国債の発行による財政支出拡大を容認しています。この点では、従来の緊縮政策からの一定の転換がみられます。しかし、問題は、世界的な経済危機に対する対策として有効な財政支出（いわゆる真水）の規模を確保できるかどうかです。

求められる緊急対策は、新型コロナに対する感染症対策と経済対策を、それぞれの位置づけを明確にして進める必要があります。新型コロナに対する感染症対策については、政府の専門家会議が分析・提言を行っています。その提言の中心は、オーバーシューティング（感染爆発）を避け、医療崩壊を防ぐための、①積極的疫学調査によるクラスター対策、②「密閉」「密集」「密接」の「三つの密」が重なる場所を避けるなど市民の行動変容の要請、③医療供給体制の確保というものです。提言の対象は主に市民や医療機関となっており、政府や自治体への提言は弱いものとなっています。政府等に対しては、休業等にともなう事業継続支援や従業員等の生活支援など経済的支援策、医療体制の崩壊を防ぐための病床の確保、医療機器導入の支援など医療提供体制の整備、重症者増加に備えた人材確保等、保健所及びクラスター班の強化、既存の治療薬等の治療効果や安全性の検討などの支援、国内発ワクチンの開発をさらに加速化、といった点を提言していますが、具体性に欠けています（新型コロナウイルス感染症対策専門家会議、2020年４月１日）。

これまでの政府の対策の不十分性を点検し、見直したうえで、院内感染や高齢者施設での感染の爆発と医療崩壊を防ぐための具体的な対策が求められています。

新型コロナ対策については、山中伸弥氏による５つの提言（2020年４月１日）が注目されました。それは、**①今すぐ強力な対策を開始する**：感染者の急増はすでに始まっていると考えるべき。特に東京や大阪など大都市では、強力な対策を今すぐ始めるべき。**②感染者の症状に応じた受入れ体制の整備**：無症状や軽症の感染者専用施設の設置を。**③徹底的な検査**（提言②の実行が前提）：ドライブスルー検査などでPCR検査体制を拡充し、今の10倍、20倍の検査体制を大至急作るべき。**④国民への協力要請と適切な補償**：国民に対して長期戦への対応協力を要請するべき。休業等への補償、給与や雇用の保証が必須。**⑤ワクチンと治療薬の開発に集中投資を**：産官学が協力し、国産のワクチンと治療薬の開発に全力で取り組むべき、というものです。この提言には、政府が緊急に講じるべき対策が明確に示されています。政治や行政がこうした提言内容を真摯に受け止め、従来の固定観念や利害にとらわれずに喫緊の課題として実施するかが問われています。

さらに付け加えれば、緊急に検査を強力に進め、医療機関における役割分担と患者の受入、治療体制を強化するためには、医療機器や医療資材の供給、病床を確保するための財政支援、感染者を受け入れた一般病院への財政支援だけでなく、経営危機に陥った全医療機関を支えるために十分な財政支援を行わねばなりません（この点については、全国知事会「新型コロナウイルス感染症の医療提供体制等の整備に係る緊急提言」2020年3月25日、参照）。同時に、これまでの財政緊縮政策で脆弱化した医療・公衆衛生をはじめ国と自治体における公務・公共サービス体制の復元・拡充を図ることが必要です。特に、診療報酬削減政策を転換するとともに、医師・看護師養成を含む人的体制を強化しなければなりません。また、高度急性期および急性期を中心に全国的な病床削減を促す地域医療構想は見直すべきです。

緊急経済対策については、第一に、経済危機を克服するに足る財政支出の規模（真水）を確保することが求められます。第二に、新型コロナ対策や関連した休業等の政策の影響や経済後退によって経済的損失を被った個人や中小企業・事業者に対する税・保険料等の減免・延納、テナント・住宅賃料の減免・延納支援および損失補填・給付を行い、国民生活と中小企業・事業者の下支えを行うことです。この点は、新型コロナへの対策と重なる面があります。第三に、経済対策として消費税減税を行うことです。消費税減税は低所得者により効果があるとともに、消費税増税によって経営を圧迫された中小企業・小規模事業者への効果が期待できます[5]。

また、新型コロナ禍を災害と捉えるならば、災害対策基本法の対象とすることが考えられます。これは弁護士のグループが緊急提言を行っており、野党も国会で提案するにいたりましたが、政府は応じていません。

新型コロナ対策および経済対策の最前線で取組むのは自治体です。自治体が、人員体制の弱さや財政制約から地域の実情に即した独自施

5　なお、消費税を引き下げた場合、実施日までの間に一定の買い控えが起こることが予想されます。これは消費税引き上げ前の駆け込み需要の逆の現象といえます。消費税を引き下げる場合に、この点を考慮した対策が求められます。

策を含む必要な対策が十分にとれないことを直視しなければなりません。政府は、新型コロナ対策および地域経済対策に取組む自治体に対して、十分な人員体制整備と施策を進めるために必要な財源を緊急に保障しなければなりません。自治体が地域の実情に即した取り組みを行うためには一般財源が十分に活用できなければなりません。政府は、地方一般財源総額前年度実質同水準ルールを停止し、緊急対策として地方交付税総額を増額するとともに、デフレを促進する地方行革、公共施設の集約化推進などを凍結することが必要です。

4　市場主義的グローバリズムからの転換と内発的発展を

今回の新型コロナ禍は、グローバリゼーションの時代の人類への新たな脅威として捉えられます。以前であればローカルな風土病として扱われていたような感染症が世界的な大流行をもたらし、さらに流行のなかで急速に変異をとげ、感染力や毒性を強めるようなリスクが認識されたのです。中国における感染爆発と都市封鎖はサプライチェーンなどを中国に依存している世界経済と日本経済に打撃を与えました。さらに、欧米における都市封鎖による消費の激減は輸出拡大によって経済回復を図ってきた日本経済に大きな打撃となっています。

こうした事態は、規制のないグローバルで効率的な市場を求める市場主義的グローバリズムに対する厳しい批判を呼び起こします。グローバルで効率的な市場の意味する究極の姿は、リカードの比較生産費説にもとづく特定の比較優位産業に特化したいびつな産業構造をもつナショナル経済です。これでは、グローバルな危機に直面した時に自国経済を守ることができず、共倒れになってしまいます。このことから、グローバル市場から相対的に独自性をもった国内市場やローカル市場が重層的かつ複雑に織りなす経済構造をもつ国こそがレジリエンス（柔軟な復元力）を確保できることが認識されます。幸い、日本経済には厚みのある多様なものづくり産業と多くの中小企業等が存立しており、仮に国境閉鎖となったとしても、マスクや人工呼吸器を自前で生産できる能力があります。しかし、グローバル市場に対する防波堤を放棄してしまっては、厚みのある多様な経済が破壊されてしまいます。グローバル経済からナショナル経済の相対的独自性を確保するには、TPP（環太平洋パートナーシップ協定）、日欧 EPA（経済連携協定）、日米 FTA（自由貿易協定）などにより自国の経済主権を大幅に失うような政策を転換することが求められます。また、ローカルな経済社会の独自性を確保するためには、地域の内発的発展を保障するように、地方分権と自治体財政の拡充を行うことが必要となります。この点は第10章で論じることにします。

5　補論１「117 兆円経済対策」の内実と４月後半時点での状況について

政府は 2020 年４月７日、新型インフルエンザ等対策特別措置法（以下、特措法）にもとづく緊急事態宣言を行うとともに、新型コロナウイルス感染症緊急経済対策を閣議決定しました。事業規模は 108 兆円という過去にない規模であることが強調されましたが、そのうち、新たな追加分は 86.4 兆円であり、さらに融資や財政投融資、地方歳出を除いた国の歳出追加分は一般会計分 16.7 兆円、特別会計分 1.9 兆円にとどまるものでした。

一般会計の補正予算案の新型コロナウイルス感染症対策関係費 16.7 兆円の内訳をみると、①感染防止対策・医療体制整備・治療薬開発 1.8 兆円、②雇用の維持と事業継続 10.6 兆円、③次の段階としての官民を挙げた経済活動の回復 1.8 兆円、④強靭な経済構造の構築 0.9 兆円、⑤新型コロナウイルス感染症対策予備費 1.5 兆円となっています。財源は、建設国債 2.3 兆円、赤字国債 14.5 兆円となっています。

補正予算16.7兆円のうち、新型コロナへの対策として緊急性の高いものは、「緊急支援フェーズ」に分類される①1兆8097億円と②10兆6308億円です。結局、緊急の予算措置は約12.4兆円にとどまるのです。それに対して③と④は「V字回復フェーズ」における対策として位置づけられており、緊急性に乏しいものです。①の主な内訳は、新型コロナウイルス感染症緊急包括支援交付金（仮称）1490億円、医療機関等へのマスク等の優先配布953億円、人工呼吸器・マスク等の生産支援117億円、幼稚園・小学校・介護施設等におけるマスク配布など感染拡大防止策792億円、全世帯への布マスク配布233億円（2020年度予算の予備費233億円を合わせると466億円）、アビガンの確保139億円、治療薬等の研究開発・ワクチンの研究開発等516億円、新型コロナウイルス感染症対応地方創生臨時交付金（仮称）1兆円となっています。②の主な内訳は、雇用調整助成金の特例措置の拡大690億円、中小・小規模事業者等の資金繰り対策3兆8316億円、中小・小規模事業者等に対する新たな給付金2兆3176億円、生活に困っている世帯に対する新たな給付金4兆206億円、子育て世帯への臨時特別給付金1654億円となっています。

以上の経済対策のなかで特に厳しい批判を呼んだのが「生活に困っている世帯に対する新たな給付金」であり、対象世帯に30万円を支給するというものですが、対象となる世帯が全世帯の2割程度にとどまることや不公平性が指摘され、4月16日に緊急事態措置の対象区域を全都道府県に拡大したのに合わせ、対象世帯を限定する施策を撤回し、全世帯に一律10万円を支給する制度に変更されることとなりました。予算規模も約4兆円から約12.9兆円に拡大されます。これにより全体の事業規模は117兆円となり、補正予算の歳出額は25.7兆円、そのうち「緊急支援フェーズ」の①と②を合わせて21.3兆円となります（財源は、建設国債2.3兆円、赤字国債23.4兆円）。

これらの補正予算措置には重大な問題点があります。第一に、あまりに予算が実行されるのが遅すぎる点です。機動的な予算とするには2020年度当初予算を組み替えなければなりませんでしたが、政府は当初予算を組み替えませんでした。緊急経済対策を盛り込んだ2020年度補正予算案は2020年4月7日にいったん閣議決定されたものの、重要な変更があったため、改定されたうえで4月20日に閣議決定となり、国会審議・決定を経た後に執行は5月以降になります。約1ヵ月の遅れは対策の実効性に極めて深刻な影響を与えます。民間金融機関による実質無利子融資の実行は早くて5月半ば以降、個人への現金給付は5月以降となると見込まれます（日本経済新聞、2020.4.19）。雇用調整助成金はきわめて手続きが煩雑であることから相談から支給までの時間が長くかかっており、緊急性に対応できていません。感染防止と医療提供体制の整備への支援の遅れも極めて深刻です。治療薬として期待されるアビガンの治験と承認の手続きも時間がかかるとみられています。地域の実情に応じた自治体の対策に対する財源となる「新型コロナウイルス感染症対応地方創生臨時交付金」は6月に決定となり、さらに遅れます。

第二に、感染症対策の不十分性です。政府のこれまでの対策は、東アジアや欧米など多くの国でとられている検査と隔離の徹底、感染集積地への集中的な対策、専用病棟等の確保といった対策とは異なるアプローチをとってきました。それは帰国者・接触者相談センターと保健所、衛生研究所等を中心に、クラスター対策に重点を置き、そのためにPCR検査を絞り込むというものでした。しかし、クラスター対策では市中感染の拡大を止めることができず、PCR検査の不十分性により院内感染が次々と起こり、感染爆発が起こる前に医療崩壊の危機を迎えることになってしまいました。客観的にみて対策のあり方を抜本的に見直すことが求められました。しかし、政府の対策や補正予算では、これまで医療崩壊のおそれを理由に抑制されてきたPCR検査の大幅な拡大に関して、従来型の対策の拡充にとどまっており、医療機器の供給や専用病棟、軽症者用宿泊施設の確保なども不十分かつ後手に回っている状況です。また、経営危機に陥っている医療機関への支援もきわめて不十分です。政府の補正予算では質的にも量的にも医療崩壊を防ぐには全く不十分なものとなっています。

その一方で、政府は4月7日には東京都など7都府県を地域指定し、さらに4月16日には全都道府県に指定地域を拡大し、外出自粛や都道府県の判断による休業要請措置を促しました。検査と隔離が徹底されないままに市中感染と院内感染が広がったため、経済活動の全国的な抑制と経済・国民生活の悪化を伴う対策に踏み切らざるをえない事態となったのです。特措法にもとづく各都道府県知事による外出自粛と休業要請は、欧米などのいわゆるロックダウン（封鎖措置）のような法的強制力を伴わないものの、国民の協力によって一定の実効性が担保されるものとなりました。そのことは補償なき休業による経済への破壊的影響が増すことにもつながりました。しかし、それにもかかわらず、無症状感染者等の把握ができていないなかで、院内感染も広がり続けているというのが4月後半時点での状況です。

第三に、雇用維持・経済支援の対象の狭さや量的な不足です。補正予算による緊急の経済対策分は19.5兆円にとどまっており、規模において全く不十分です。外出自粛や休業要請により、企業活動はもとより、雇用と生活に厳しい影響が出ています。特に休業要請を行う自治体からの休業と補償をセットにすべきという強い要望にもかかわらず、政府は休業補償に対する予算措置をとっていません。事業継続に困っている中堅・中小企業やフリーランスを含む個人事業主にたいして「持続化交付金（仮称）」が創設され、事業収入が前年同月比50％以上減少した場合、中堅・中小企業には200万円、個人事業主には100万円の範囲で減収額を給付することとなりましたが、給付に条件がついていることや1回限りであることなどから十分なものになっていません。野党は特に負担となっている家賃等の固定費の補償を求めています。

第四に、感染症対策・医療提供体制整備や雇用維持・経済支援がきわめて不十分である一方、「V字回復フェーズ」の予算2.7兆円を計上しており、野党は予算組み替えを強く要求しました。

このように政府の対策と予算措置が大幅に遅れたなかで、自治体や地域において独自の取組みと予算が講じられました。PCR検査数とその体制整備が大きく立ち遅れていた東京都において、東京都医師会が都内に最大47ヵ所のPCRセンター設置を進める方針を打ち出し、他の自治体にも広がり始めました。また、鳥取県や新潟市などでドライブスルー型のPCR検査が始まり、これも他地域に広がり始めました。休業要請に応えた事業者への協力金を独自に導入する自治体も東京都だけでなく、神奈川県や大阪府などに広がりました。今後、感染拡大と医療・介護崩壊の危険性が続くなかで、新型コロナ対策において住民生活と地域経済の守り手としての地方自治の真価が問われていると言っても過言ではありません。

そのうえで、自治体の取組みを支えるための政府による緊急かつ十分な予算措置が不可欠となっています。

6　補論2　新型コロナに対する緊急事態宣言による経済悪化と緊急事態宣言の延長

日本経済新聞がQUICK・ファクトセットの企業財務データにおける世界の約8400社の公表数値や市場予測をもとに集計した結果を報道しましたが、それによると世界の企業の2020年1～3月期の連結利益は前年同期比で40％減となっています。特に日本78％減、欧州71％減と大きく減少し、米国は36％減、中国は26％減となっています。

特に航空、自動車の悪化が目立ちます。4～6月期については、世界で40% 減益が見込まれ、日欧は5～6割減益が見込まれるのに対して中国は12% 減と持ち直しています（『日本経済新聞』2020年5月3日）。

政府の緊急事態宣言の出る前の3月において雇用への影響が出ています。総務省が4月28日に発表した3月の労働力調査によると、製造業の就業者は前年同月比24万人減となっています。非正規雇用では、製造業で15万人減、非正規全体で26万人減となっています。今後、4月以降の雇用への影響がより深刻化することが明らかになってきます。

こうした厳しい経済状況は、消費税引き上げの影響のうえ、政府の3月からの自粛要請や4月の緊急事態宣言にもとづく要請によるものです。さらに政府は5月末までの緊急事態宣言の延長を決めたため、日本経済全体としての縮小と企業業績悪化、雇用への影響が深刻化することになります。5月1日の政府専門家会議の分析・提言では、新型コロナの問題が長丁場になることを認めており、長期戦、持続戦になることが予想されています。

当面、検査と医療体制への支援を含む感染症対策・医療対策への予算の抜本的拡充とともに、政府や自治体の外出抑制、経済社会活動抑制策によって直接的あるいは間接的に影響を受ける国民、事業者等に対して取りこぼさない補償と支援によって生活と経営を支え、経済の底割れをふせがねばなりません。そのうえで、長期戦、持久戦に対応して、感染症対策と経済活動の可能な限りの維持を両立させる新たなモデルを構築する必要があります。

2020年5月11日時点での厚労省の発表によると、国内陽性者数は1万5630人、死亡者は621人にのぼっています。新規に判明した陽性者数は低下傾向にありますが、把握されていない感染者が多いとみられており、依然として感染の全体像は明らかになっていません。

新型コロナの第二波に備え、韓国などの対策を参考に遺伝子工学と情報科学を駆使し、PCR 検査だけでなく抗体検査を含む検査と隔離、専用病棟等の確保、匿名化にもとづく GPS 追跡による感染集積地に集中した対策を行うこと、ライフラインの防衛を重視することといった、経済活動の維持と両立できる対策がとれる基盤を整備することが必要であると指摘されています（児玉 2020、参照）。こうした観点から、全般的な対策の再構築が喫緊に求められます。

2. 安倍政権と人口減少社会危機論

本章では、第二次安倍政権において展開されている地方創生政策を把握するとともに、地方創生政策が登場してきた背景としての人口減少社会危機論を批判的に検討します。

1　地方創生政策と人口対策の登場

日本は現在、人口減少社会を迎えています。問題は人口減少社会をどう捉え、どう対応するかということです。特に注意すべきは人口減少社会危機論です。2014年の**増田レポート**による**「消滅可能性自治体」**リスト公表を皮切りに人口減少社会危機論が噴出し、安倍内閣の政策に取り入れられました。それが**地方創生政策**です。同年9月には地方創生本部が発足し、担当大臣が置かれました。同年12月の政府の「まち・ひと・しごと創生長期ビジョン」では、第一に、2008年に始まった日本の人口減少が今後加速度的に進み、経済社会に大きな重荷になるという問題を提起しました。第二に、長期ビジョンでは、地方では「人口減少→経済縮小→社会生活サービス縮小→人口流出」という悪循環が地域経済社会に甚大な影響を与えるという警告を発しました。第三に、東京圏への人口集中が今後も続く可能性が高く、それが日本全体の人口減少に結びついているという点を明らかにしました。

以上の3つの問題に対して、地方創生政策では、主に地方において、①「雇用の質」の確保・向上を中心とした**「しごとの創生」**、②地方への人の流れをつくるとともに結婚・出産・子育てを支援する**「ひとの創生」**、③集約・活性化、ネットワーク化による**「まちの創生」**の3つを取り組む枠組みが示されました。それを具体化したものが長期ビジョンと同時に発表された政府の「まち・ひと・しごと創生総合戦略」です。

そこでは、国の戦略にもとづき、自治体が地方版総合戦略を策定して取り組むという枠組みが示されるとともに、自治体に対する政策支援パッケージが提示されました。要するに、人口減少社会の危機に対して、地方が創意工夫して頑張れば、それを国が支援するということです。ただし、そのために与えられた期間はたった5年間に過ぎません。

これに対して一つの疑問が湧いてきます。それは、そもそも長期ビジョンが提起した3つの問題は、地方が頑張れば解決できる問題なのかという疑問です。長期ビジョンでは人口減少社会になった基本的な要因を明らかにしていません。人口減少社会の原因である合計特殊出生率の低迷と東京への人口集中が止まらない根本的な原因を明らかにしていないのです。どうも、ここに大きな問題が横たわっているようです。

2018年夏の時点でみると、地方創生政策が実施に移された2015年度からすでに3年数ヵ月が過ぎています。その時点の実態をみると、最大の目標である人口減少に歯止めをかけるという点では極めて厳しい状況にあります。合計特殊出生率は2014年1.42から2015年1.45にいったん上昇しましたが、2016年には1.44と低下し、出生数は100万人割れとなってしまいました。これでは2020年1.6の達成は困難な状況です。また、東京一極集中は止まっていません。2017年の地方から東京圏（東京都、神奈川県、千葉県、埼玉県）への転入超過は11万9779人であり、前年に比べ1911人増となっています。2020年転出入均衡目標の達成も極めて困難な状況です。また、東京圏の合計特殊出生率は2015年から2016年へ横ばいないし低下しています（東京都：1.24→1.24、神奈川県：1.39→1.36、埼玉県：1.39→1.37、千葉県：1.38→1.35）。

こうした地方創生政策の失敗は当初から予想されたことでした。なぜなら、人口減少社会の基本的な要因に対応した政策になっていないからです。さらに言えば、東京一極集中を是正することを掲げながら、東京オリンピック開催や国家戦略特区など、東京一極集中を助長する政策を同時にとっており、その本気度が疑問視されていたのです。

しかし、地方創生政策の真のねらいが別にあったとしたらどうでしょうか。地方創生政策の主なねらいが「まちの創生」にあるとすれば、その目的への仕掛けは着実に進んでいるという見方もできます。「まちの創生」の主なねらいは人口減少社会に対応した行財政合理化およびまちづくりにあります。そのためのキーワードが「コンパクト化＋ネットワーク化」です。農山漁村や地方都市に対して、拠点都市、コンパクトシティ、「小さな拠点」等の拠点に機能を集約化し、周辺部とネットワークを結ぶことによって効率的な地域構造を作り出すとともに、インフラや公共施設の再編・合理化を含む行財政の徹底した合理化・効率化を図っていこうというものです。

「まちの創生」は、地方行財政や地方自治制度全般に大きく関わります。その改革方向如何では日本の地方自治制度の根幹を揺るがすものとなります。2018年に入って、その姿がいよいよ明らかになってきました。それが総務省**「自治体戦略2040構想研究会」**の報告です。その内容は後で検討しますが、日本の地方自治は重大な局面を迎えていると言っても過言ではないでしょう。

2　人口減少時代における地方行財政改革の2つの道？

人口減少時代における地方財政をみる際、まずは地方行財政改革に2つの道があり、それが鋭く対立しているという見方をとってみましょう。一つの道は地方行財政の効率化を最優先課題として位置づけ、改革を進める立場です。それを**「行財政効率化主流化戦略」**と言うことにしましょう。この考え方の背景には、新自由主義の経済思想があり、公共部門の規模を縮小し、規制をはずしていけば市場経済が活性化するというものです。

もう一つは、地方自治の拡充こそが豊かな地域社会につながるという立場に立ったものであり、地方自治拡充と行財政充実の両立を図る戦略です。それを**「地方自治拡充主流化戦略」**と呼ぶことにしましょう。地方自治の拡充は憲法の理念にもとづくものでなければなりません。国も自治体も憲法を守り、国民（住民）の基本的人権を保障する責務を負っています。なかでも、住民に身近な自治体がまずもって共同事務をつうじて住民の基本的人権を保障する責任があります。そのために地方自治を拡充するとともに行財政の充実を図っていかねばならないのです。

小泉政権から今日の安倍政権にいたるまで、民主党政権下の一時期を除き、基本的には前者の「行財政効率化主流化戦略」がとられてきました。分権改革も行財政効率化の一環として位置付けられていたといえます。なかでも小泉政権下における「平成の合併」では小規模自治体を相当数減少させることに成功しました。さらに、ポスト小泉政権において究極の行財政効率化をもたらす道州制を導入しようとしましたが、政権交代によってストップしました。民主党政権は高校実質無償化やこども手当創設など普遍主義的福祉国家の端緒と期待されるような政策を打ち出しました。その財源確保をめぐって、事業仕分けなどによってムダを排除することでねん出できるとしましたが、失敗に終わりました。行財政効率化を進める点においては、民主党政権は自公政権と変わることはありませんでした。また、民主党政権は**「地域主権改革」**を掲げ、国の出先機関の丸ごと地方移管をめざし、その受け皿として府県による広域連合を推進しましたが、自公政権への再交代によって頓挫しました。

第二次安倍政権はこれまでの自公政権とは異なる政策を打ち出しました。**アベノミクス**と呼ばれる経済政策は、①大胆な金融緩和、②公共事業を中心とした財政政策、③規制緩和を中心とした成長戦略の３

つです。アベノミクスは従来の新自由主義的規制緩和を引き継ぐとともに、財政縮減策を転換し、財政出動を行いました。さらに「異次元の金融緩和」と称されるように大胆な金融緩和を行ったことと合わせてみれば、一見すれば思い切ったケインズ主義的政策をとったとも見えます。しかし、アベノミクスにおける財政政策は一過性のものであり、財政政策を重視するケインズ政策ということはできません。この新自由主義＋金融緩和政策からなるアベノミクスは日本経済や地域経済社会にきわめて深刻な影響をもたらしています。超金融緩和は円安と株高をもたらし、公共事業拡大は一時的にマクロの需要を支えたことから企業利益は増大しました。しかし、公共事業拡大は一過性であり、2000年代に下がり続けた賃金水準は低迷したままであり、消費は低迷を続けました。さらに2014年消費税増税が消費の低迷に深刻な影響をもたらすことが予測されたことから、補正予算において公共事業等の経済対策を打たねばなりませんでした。アベノミクスは企業収益と株主・投資家の利益を増やす一方で賃金と消費の低迷に対しては有効な政策が打てませんでした。むしろ、労働法制の規制緩和によって逆方向の政策を進めている側面が強いのです。

また、成長戦略は地域の絆や地域内連携を破壊する方向に作用しています。この点について、次にアベノミクスの一環としての地方創生政策を検討しましょう。

3　地方創生戦略における「積極戦略」と「調整戦略」

政府の地方創生戦略は人口減少に対応する**「積極戦略」**と**「調整戦略」**の2つの柱からなると考えられます。この整理の仕方は元地方創生総括官の山崎史郎氏によるものです（山崎2017、参照）。そこでは、積極戦略は出生率の回復によって将来的に人口減少に歯止めをかけ、人口構造を変えていく戦略と説明されています。つまり、人口の自然増を目指す戦略です。政府の長期ビジョンでは2060年に1億人を維持することが重視されていますので、事実上の人口目標を設定したと言えます。そのためには合計特殊出生率が段階的に上昇し、2030～2040年頃に人口置換率（2.07）水準が実現される必要があります。そのため、総合戦略では「若い世代の結婚・出産・子育ての希望をかなえる」ということが目標として設定されています。また、山崎（2017）では明記されていませんが、積極戦略には人口の自然増戦略とともに社会増戦略があります。地方の戦略としては、特に、東京圏への人口流出を抑制するとともに、東京圏からの人口流入増加を目指すというものです。政府の総合戦略においては「地方への新しいひとの流れをつくる」という目標として設定されています。

それに対して調整戦略は、山崎（2017）の説明によると、「仮に出生率が回復しても一定の人口減少は避けられないことから、人口減少に適応し、生産性を向上させながら、効率的かつ効果的な社会システムを構築していこう」という戦略であるとされています（山崎2017、145-146頁）。この点は政府の総合戦略においては、「時代に合った地域をつくり、安心な暮らしを守るとともに、地域と地域を連携する」という目標として設定されています。具体的な内容としては、連携中枢都市圏などによる地域連携、都市のコンパクト化と交通ネットワーク形成、中山間地域における「小さな拠点」の形成、大都市圏における医療・介護問題への対応などです。実は地方創生政策の主なねらいはここにあると考えられます。

安倍政権の課題として、グローバル化に対応した法人負担軽減と財政再建のために公共部門のいっそうの合理化・効率化とともに、生産性向上による経済成長を図る必要があり、そのための一石二鳥の手段として進められたのが、連携中枢都市圏から集落圏にいたる各レベルの「圏域」づくりと拠点形成です。集約化、広域連携といった地域再編と民間委託等の行財政合理化を併せて推進することが目指されたのです。連携中枢都市等の拠点都市への人口や都市機能等の集約化は、行財政効率化の目的とともに、地方における成長の拠点としても位置付けられたのです。

また、東京圏については、今後高齢者や単身者が増加することが予想され、社会保障負担増や介護人材等の不足が予測されています。社会保障負担増や人材不足が東京圏の将来的な経済成長にマイナスの影響を与えることへの懸念から、東京圏から地方への人の流れをつくり、東京圏の「身軽化」を進めたいということがあります。その背景にある一つの考え方が冨山和彦氏の「グローバル経済」と「ローカル経済」の二分論です（冨山 2014、参照）。グローバル経済に対応する東京が国際都市として発展するには、グローバル経済を担う人材を東京圏に集中させるとともに、ローカル経済を担う人材や高齢者はできるだけ地方に移住してもらう方がよいということになります。サービス産業を中心としたローカル経済には、一定規模以上の人口が集中した拠点都市を形成することが求められるということです。サービス経済を中心に拠点都市による成長を主張する論者として、伊藤元重氏がいます。伊藤によれば、第三次産業が中心の社会では、集積こそが活性化の基本であり、それぞれの地域の人口50万人以上の中核都市の人口を増やすことができれば、集積の利益が生じるといいます（伊藤 2013、129-137 頁）。

4　地方創生政策の背景としての社会保障財政危機論と東京危機論

地方創生政策が打ち出された背景には社会保障危機論と東京危機論がありました。そのことは、2015 年 6 月 4 日に発表された日本創成会議・首都圏問題検討分科会「東京圏高齢化危機回避戦略：一都三県連携し、高齢化問題に対応せよ」（以下、**第二増田レポート**）に表されています。

第二増田レポートが示す東京圏の現状と課題についての分析内容は以下のようです。東京圏は急速に高齢化し、後期高齢者は10年間で175万人増えます（2015-2025年）。東京都区部は若者が流入する一方、高齢者は都区部以外・三県に流出します。大規模団地は一斉に高齢化が進み、高齢者が取り残されます。入院需要は10年間で20%増加し、介護需要は、埼玉・千葉・神奈川県では10年間で50%増加すると予測されます。そのため東京圏の周辺地域で医療不足が生じるとともに、東京圏全体で介護施設等が不足するおそれ（13万人分不足）が出てくるというのです。しかし、東京圏での医療介護体制の大幅な増強は土地制約や人材制約から困難です。

それに対して、第二増田レポートは東京圏の高齢化問題への対応策として以下を提案しました。第一に医療介護サービスの「人材依存度」を引き下げる構造改革を進めることです。そのためICT、ロボット活用、人材配置基準の緩和、資格の融合化、マルチタスク型への人材多様化などがあげられます。第二に地域医療介護体制の整備と高齢者の集住化を一体的に進めることです。具体的には都市機能の集約化と高齢者の集住化への誘導、「空き家」の敷地統合と医療介護拠点への転用があげられます。第三に一都三県の連携・広域対応が不可欠（一都三県・5政令市）だとしています。具体的には「東京圏高齢者ケア・すまい総合プラン（仮称）」の策定を提案しています。第四に東京圏の高齢者が希望に沿って地方に移住できるようにすることです。その受け皿として「日本版CCRC構想」に期待するとしています。なお、高齢者の地方への移住は、医療・介護・福祉のトータルコストの節減にも結びつくと指摘していることに注意が必要です。第二増田レポートは補論として、医療介護体制が整っている地方の41圏域をリストアップしました。

第二増田レポートのねらいは東京圏における社会保障経費の抑制による法人負担の軽減にあります。「農村たたみ」を伴う拠点都市、コンパクトシティへの集約化と医療介護・高齢者集住の拠点化を進めることによって東京圏からの高齢者移住とボランティア・コミュニティ依存による「安上がり」の高齢者対策を構築しようということでしょう。ボランティア・コミュニティ依存の高齢者対策は地域包括ケアシステム推進と呼応します。また、医療介護における施設面・人材面での規制緩和がねらわれています。

しかし、こうした第二増田レポートの提言には以下の問題があります。第一に特定地域への高齢者の誘導を行うことの問題とその実効性です。こうした政策は高齢者の居住権への介入であり、社会的な摩擦をもたらしかねない問題です。また、高齢者が慣れ親しんだ地域から遠隔地に居住移転することへの抵抗感の強さから実効性には疑問が出されています。

第二に規制緩和とボランティア・コミュニティ依存の高齢者ケアで十分なケアと人権保障ができるのかという問題です。地域包括ケアのあり方が問われています。

第三に、賃金の低い介護、高齢者サービス雇用の創出は所得格差・地域間格差の拡大・固定化につながるのではないかという問題です。

第二増田レポートは、地方創生政策において生涯活躍のまち構想として具体化されました。2018年10月時点の政府による調査では、推進意向を示しているのが216団体、そのうち取組みを開始しているのが121団体でした。自治体が生涯活躍のまち構想を推進するねらいは、移住・定住政策とともに医療・福祉産業の立地による地域経済活性化にあります。なかでも民間事業者によるサービス付き高齢者住宅の展開が期待されています。先行事例のなかには、サービス付き高齢者住宅の立地などによる地域経済効果が一定程度もたらされた事例もありますが、全体として生涯活躍のまち構想による地方移住の実現は限定的であるとの指摘があります（高尾 2018、参照）。

3.「失われた20年」と地方財政

本章では、2000年代以降の政府の政策と地方財政の改革を振り返るとともに、それらが地域と自治体にもたらした問題を検討し、地方財政悪化の実態を明らかにします。

1　小泉構造改革と地方財政

現在の地方財政のひっ迫と地域経済社会の危機の原因について歴史を遡ってみれば、2000年代の小泉政権時代の政策をみなければなりませんが、その前段の1990年代からはじめてみましょう。1990年代に入り、バブル経済が崩壊し、**バブル崩壊不況**が始まりました。バブル崩壊不況に対する国の経済対策は地方における投資事業が中心であり、特に国の補助を受ける補助事業より国の補助を受けない地方単独事業が中心でした。国は経済対策に地方財政を動員するため、地方単独事業に対して地方債の充当をフリーパスのごとく認めるとともに、地方債の元利償還費に対する地方交付税措置（基準財政需要額への事業費補正）を講じました。**図3-①**はふるさとづくり事業における財源措置を示したものです。たとえば100億円の事業であれば、当該年度に25億円の自由に使える一般財源があれば、75億円は地方債（地域総合整備事業債）を発行して調達します。当該年度の一般財源25億円のうち15億円分は当該年度の交付税増額でまかないます。地方債は後年度に元利償還を行わねばなりませんが、そのうち最大55％分（41.25億円）について元利償還を行う年度の交付税に上乗せされます。こうした有利な借金の仕組みのもとで自治体は大量に地方債を発行した結果、地方債ストックが増え続けましたが、いくら有利な借金であっても大量の借金を行うこととなり、後年度の公債費負担が心配される状況にな

図３－①　地方単独事業に対する財源措置のイメージ
（2001年度以前の姿）

ふるさとづくり事業（体育館、総合運動場、総合文化センター、親水公園等）

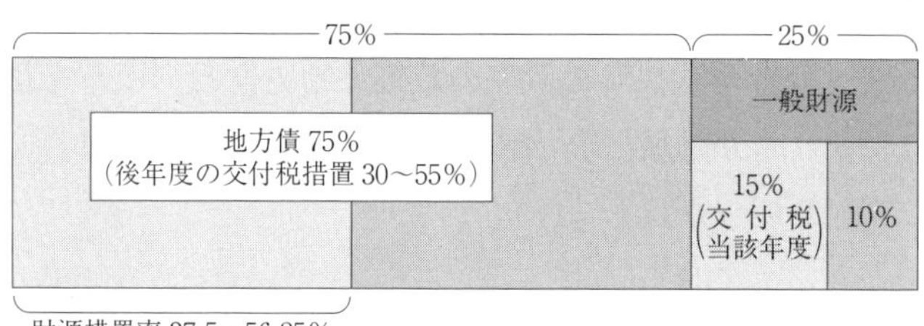

出所：総務省資料

ったのです。

そこに小泉政権による構造改革が始まりました。小泉内閣の司令塔である経済財政諮問会議が毎年６月に「経済財政運営と構造改革に関する基本方針」（いわゆる**「骨太方針」**）を策定し、財務省と経済界主導の政策形成の枠組みがつくられました。

2003年６月に策定された「骨太方針2003」は地方財政改革に関して以下の方向を打ち出しました。(1)行政の効率化や歳出の縮減など国・地方を通じた行財政改革を進め、「効率的で小さな政府」を実現、(2) 2006年度までに公共事業も含め徹底的な見直しを行い、補助金は４兆円程度をめどに廃止・縮減、(3)地方財政計画の歳出を徹底的に見直し、(4)地方交付税総額を抑制し、財源保障機能を縮小、(5)投資的経費を1990年～1991年度の水準を目安に抑制、(6)税源移譲は基幹税を基本とし、廃止・縮減する補助金の８割程度を目安にする。義務的経費は徹底的な効率化を図った上で、必要額を全額移譲。

骨太方針2003は、政府の地方に対する支出である国庫支出金と地方交付税を大幅に抑制したうえで、地方からの要求である税源移譲を行うというものでした。骨太方針2003に基づいて進められた**「三位一体改革」**（2003年度～2006年度）は、結果として、地方財源を大幅に縮減

図 3－②　「三位一体の改革」のイメージ

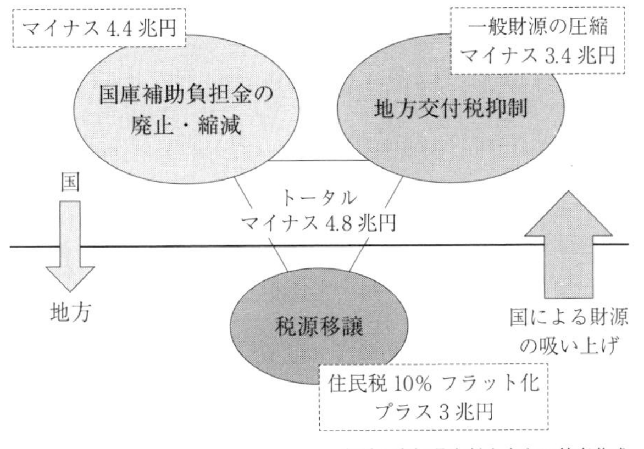

出所：高知県資料をもとに筆者作成

しました。税源移譲がプラス 3 兆円、国庫補助負担金がマイナス 4.4 兆円、地方交付税がマイナス 3.4 兆円（2002 年度に対して 2006 年度の一般財源総額をみると、59.0 兆円から 55.6 兆円にマイナス 3.4 兆円）であり、全体としてマイナス 4.8 兆円となったのです。三位一体改革は分権に資するというよりむしろ、国の財政再建のために地方財源を大幅に吸い上げる結果となったのです（図 3－②参照）。

1990 年代の経済対策によって地方債が累増した自治体は、三位一体改革による交付税削減によって厳しい状況に陥りました。

次に、ポスト三位一体改革の動向をみると、三位一体改革における地方交付税削減に対する地方からの厳しい批判のなかで、地方交付税の一定程度の復元が行われました。同時に地方財政のひっ迫に対して自治体行政を合理化することによる対応が進められました。それは、自治体財政健全化法の導入、民営化・PFI・地方独立行政法人・民間委託等の促進、公立病院改革ガイドライン、公社・第三セクターの改革推進などです。

ポスト三位一体改革の議論のなかで、竹中平蔵総務大臣による「地

図３−③　分権改革の全体像

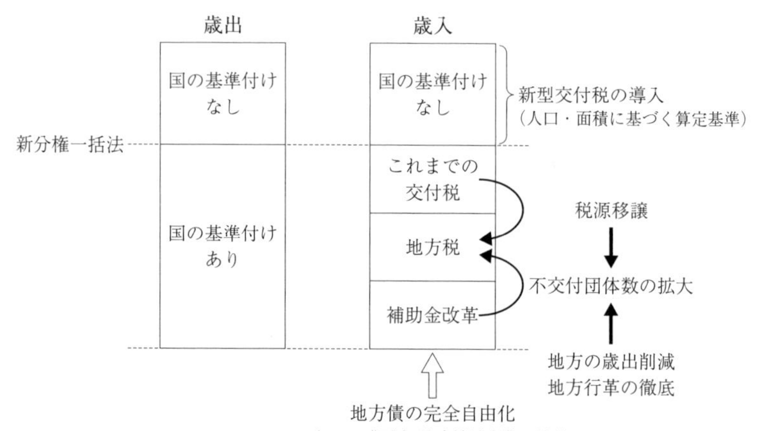

出所：地方分権21世紀ビジョン懇談会・報告書（案）

方分権21世紀ビジョン懇談会」（以下、ビジョン懇）が市場主義的な地方財政改革の方向を打ち出し、波紋を呼びました。ビジョン懇は分権５原則として、①自由と責任、②小さな政府、③個性の競争、④住民によるガバナンス、⑤情報開示の徹底、の５つをあげました。これらには新自由主義的思想が濃厚に反映されています。ビジョン懇の報告書における提言の主要な内容は以下の９点でした。①新分権一括法の制定、②地方債の完全自由化、③再生型破綻法制、④税源配分の見直し、⑤交付税改革（新型交付税導入）、⑥補助金改革、⑦地方の歳出削減、⑧地方行革、⑨道州制、市町村合併、都道府県と市町村との関係見直し（図３−③参照）。

これらの提言のうち地方債の完全自由化や再生型破綻法制などの市場主義的で急進的な改革案は地方からの反発を呼ぶとともに、総務省にとっても抵抗感が強いものでした。また、交付税の簡素化を進めることを掲げた「**新型交付税**」は自治体一般財源保障に支障をきたすのではないかという強い危惧がありました。

それに対して総務省は市場主義的改革を行いませんでした。「新型交付税」は、総務省が「骨抜き」にしたため空振りに終わりました。導入された「新型交付税」は、実際には「新型」ではなく、基準財政需要額の算定基準の一部変更（人口と面積を測定単位とする「包括算定経費」の導入）に過ぎないものとなったのです。ただし、その後、総務省は基準財政需要額を抑制する方法として包括算定経費の削減という手法を使うことになります。自治体の財政需要をラフに捉える包括算定経費は算定根拠があいまいであるため削減対象にしやすいのです。

2006年、夕張市の会計操作による粉飾決算が明らかになり、夕張市が財政再建団体を申請することになり、大きな反響を呼びました。いわゆる夕張ショックです。ビジョン懇の打ち出した再生型破綻法制は夕張市のケースに対する市場主義的な制度の導入をもくろんだものでした。再生型破綻法制の導入は自治体本体に債務調整が行われることが想定され、金融機関からみれば地方債にリスクが生じることになります。そうなれば、金融機関は自己資本比率規制下で自治体を選別することになり、自治体は金融市場の「暴風雨」にさらされることになります。そのため、総務省は再生型破綻法制の導入を見送り、それに代わって自治体財政健全化法を導入しました。自治体財政健全化法は4つの健全化判断比率及び公営企業に対する資金不足比率によって国による自治体財政統制を強めるものでした（**図3－④**参照）。健全化判断比率にはいわゆるレッドカードに相当する財政再生基準とともに、イエローカードに相当する早期健全化比率の2段階の基準が設定され、早期是正の仕組みが導入されました（**表3－①**参照）。また、地方債の完全自由化は見送られました。

同時に、総務省は**集中改革プラン**を推進し、自治体職員定数の削減を促進しました。地方行革を財政誘導するため、**頑張る地方応援プログラム**（2007年度～2009年度）が導入され、行革等の成果指標に基づいた普通

図 3―④　健全化判断比率等の対象について

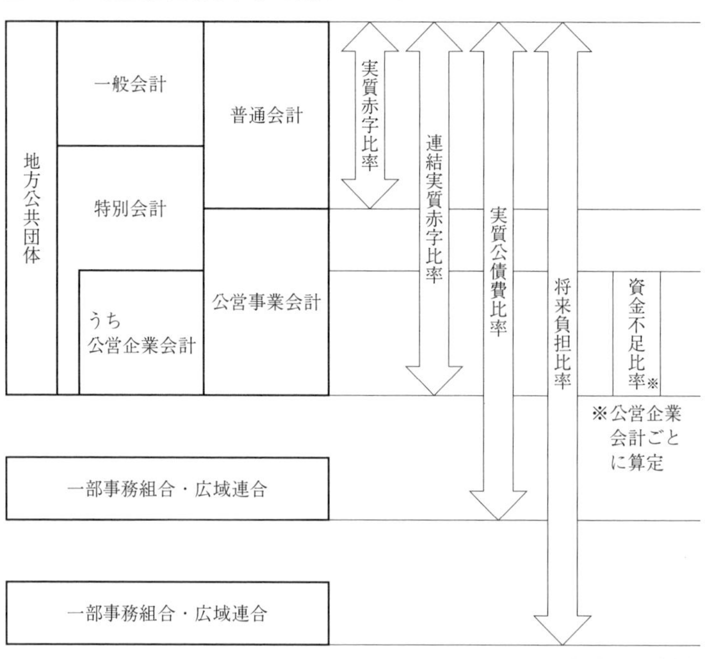

出所：総務省資料

表 3－①　地方財政健全化法等における各基準

指　標		許可団体基準	早期健全化基準	財政再生基準
実質赤字比率	市町村	2.5%～10%	11.25%～15%	20%
	都道府県	2.5%	3.75%	5%
連結実質赤字比率	市町村	—	16.25%～20%	30%
	都道府県	—	8.75%	15%
実質公債費比率	市町村	18%	25%	35%
	都道府県	18%	25%	35%
将来負担比率	市町村	—	350%	—
	都道府県･政令市	—	400%	—
資金不足比率（公営企業）	都道府県･市町村	10%	20%	—

注：連結実質赤字比率の財政再生基準については、3 年間、経過的な基準を適用する（08、09 年度は 10%、10 年度は 5% 引き上げ）

出所：総務省資料より筆者作成

交付税の算定が行われたのです。成果指標には、行政改革指標（歳出削減率、徴収率)、農業産出額、製造品出荷額、事業所数、出生率、転入者人口、小売業年間商品販売額、若年者就業率、ごみ処理量、といった指標が設定されました。同プログラムによる普通交付税算定額には自治体間の著しい格差が生じました。

ポスト三位一体改革のなかで国のかたちと地方自治をゆるがす構想が浮上しました。それが道州制です。自民党道州制調査会が2007年6月、「道州制に関する第2次中間報告」をまとめましたが、その内容は、第一段階として自主財源の増強と、社会保障・義務教育・警察・消防を対象とする「シビルミニマム交付金」ならびに地方法人関係税による道州間財政調整システムを創設し、第二段階として、道州の財政需要すべてを自らの税収で賄えるよう、国からの交付金と道州間財政調整を廃止し、税源移譲等を行うことを打ち出しました。続いて自民党道州制推進本部は2008年7月、「第三次中間報告」をまとめ、「限りなく連邦制に近い道州制」を掲げ、2015年から2017年を目途に導入を目指すとしました。その内容は、以下のとおりです。①都道府県を廃止し、10程度の道・州を設置する、②道州は自治体とし、議会と首長は選挙、③公務員の人事管理の見直し、④国から道州、道州から基礎自治体に仕事を移管し、国・道州は「小さな政府」をめざす、⑤基礎自治体の規模は人口30万人以上、少なくとも10万人以上とし、基礎自治体数を700から1000に再編する、⑥小規模自治体については、道州、近隣の基礎自治体が補完、⑦税財政制度：道州の財政需要は自らの税収で賄う。既存の補助金、交付税の廃止。国はシビルミニマム調整制度を創設し、必要な財源保障、財政調整をする（図3-⑤参照)。

自民党の道州制構想は、都道府県廃止・道州設置により内政の大半を道州に移管し、地方交付税を廃止し、道州の財政的自立を図る究極の地方リストラです。市町村は大規模合併を経て基礎自治体として位

図 3 - ⑤　自民党道州制本部の道州制案

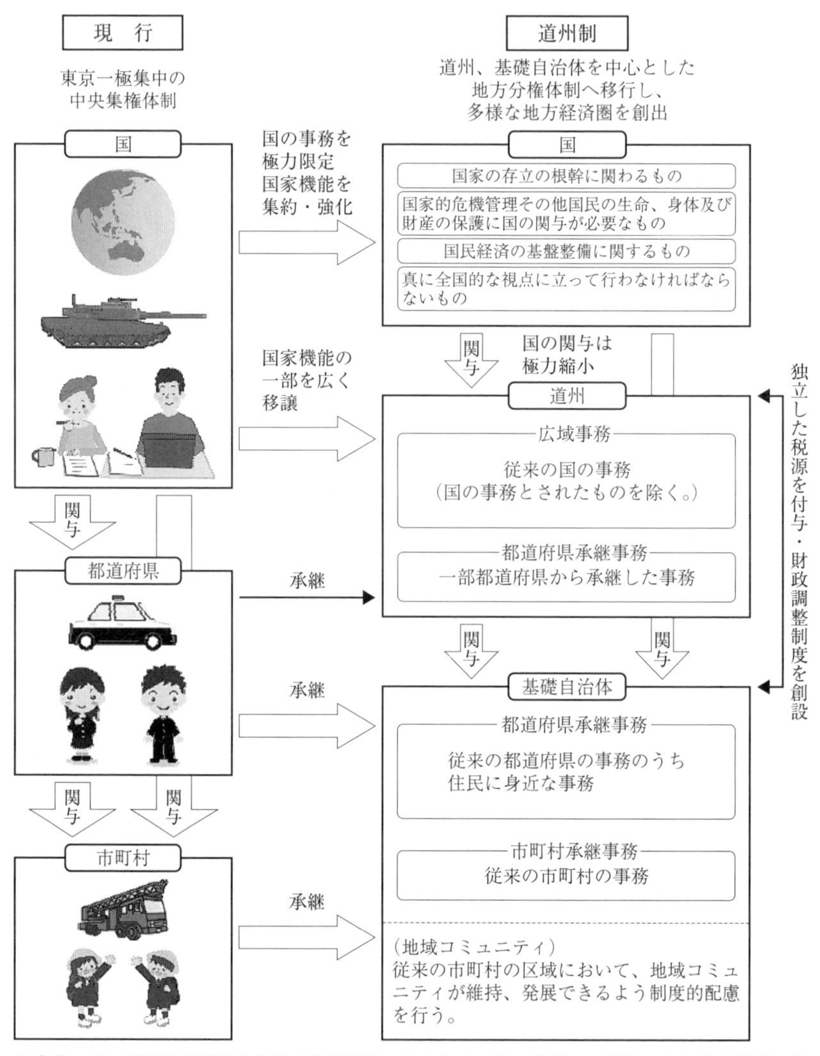

※今後、国、道州及び基礎自治体の役割分担のみでなく、国の道州への関与の在り方や道州の基礎自治体への関与の在り方について、検討を深めることが必要である。

出所：自民党道州制推進本部資料

置づけられることとなり、小規模自治体は消滅します。戦後の地方自治は、都道府県と小規模自治体の消滅という最大の危機かもしれないのです。

2008年のリーマンショックは地域経済に大きな打撃となりました。地域経済社会の疲弊、貧困と格差の拡大への批判が高まり、政権交代に結びつきました。そのため、上からの道州制導入はいったんストップしました。

民主党政権は子ども手当、高校実質無償化といった基礎的サービスの普遍主義的提供の端緒となる政策を進める一方、地方行財政分野では地域主権改革を掲げ、「ひもつき補助金」の一括交付金化（地域自主戦略交付金)、「義務付け・枠付け」の見直しなどを進めました。しかし、地域主権改革は自公政権の地方行財政政策を基本的に転換するものではありませんでした。民主党政権はプライマリーバランス黒字化を目標としたため、その呪縛から無理な「事業仕分け」を進めようとしましたが、失敗しました。

そのなかで、2011年3月、東日本大震災・福島第一原発事故が発生しました。東日本大震災・福島第一原発事故における復興政策では、「創造的復興」、「土木事業優先型復興」への傾斜が特徴となっており、避難の長期化、震災関連死の増加、自治体の存立条件の「喪失」が生まれています。この中でも、東日本大震災の復興資金も一括交付金制度を使いましたが、土木事業優先型復興に傾斜しました。その後、特に原発避難の長期化、震災関連死の増加、原発避難自治体の存立条件の「喪失」といった問題が深刻化しました。

先に述べたように政権交代によって道州制導入はいったんストップしました。民主党政権の地域主権改革では、地域の自主的判断を尊重しながら道州制の検討も射程にいれるとして、地方からの道州制推進を位置づけました。なかでも「国の出先機関原則廃止」を打ち出し、地方の自発的な取組による広域的実施体制の整備を促進する方針をとったことから、それに反応した関西広域連合等による国の出先機関「丸ごと」移管要求が起こりました。それに対して、特に地方整備局の丸ごと移管構想に対して市町村からの反対や自民党の反対が起こりました。

民主党政権がプライマリーバランス黒字化の呪縛に陥るなかで、野田内閣は3党合意による消費税増税を含む社会保障・税一体改革を打ち出しました。その後、公約違反との批判のなかで2012年12月、解散総選挙が行われ、民主党は大敗し、自公政権に再交代となりました。

2　アベノミクスと地方財政

2012年12月に成立した第二次安倍政権の特徴は「グローバル競争大国」をめざすことであり、今までの自公政権・小泉構造改革と同じ面と違う面の二つの面が強調されています（渡辺治2014、参照）。

一つには、グローバル企業が活動しやすい秩序づくりを重視し、そのために必要な限りでアメリカ追随をしていきます。安倍首相は大国意識が強く、グローバル企業が活動しやすい条件をめざすなかで、大国化、**軍事大国化**をめざしていると言えます。そのなかで、安倍政権は集団的自衛権行使容認と特定秘密法制定に踏み切りました。もう一つは、**新自由主義国家**を目指すことですが、小泉構造改革路線を引き継ぎつつも、従来の財務省の影響力が強い司令塔である経済財政諮問会議に加えて、産業競争力会議、国家戦略特区諮問会議といった経産省の影響が強い司令塔を位置づけました。こうした複数の司令塔のもとで、大企業・多国籍企業を積極的に支援する一方、社会保障費抑制などの財政縮減をしていくという二つの戦略目標を重視したのです。この二つを達成するために社会保障改革、教育改革、地方制度改革が推進されました。

2012年末の総選挙で自民党が大勝したことから、「上から」の道州制推進が再び動き始めました。自民党の選挙公約では、道州制は「国のあり方を根底から見直し、統治構造を根本から改める改革」として位置づけられ、また、「道州制基本法を早期に制定し、その後、5年以内に道州制の導入」を目指すとしていました。さらに、総選挙後の自公の連立合意においても道州制導入の方針が確認され、自民党は道州制基本法案の通常国会提出をめざし、公明党、日本維新の会、みんなの党との共同提出を呼びかけるにいたりました。2013年6月、維新の会、みんなの党が「道州制への移行のための改革基本法案」を国会に共同提出しました。道州制をめぐっては、財界、知事・政令指定都市市長連合、自民党本部・公明党などの推進勢力と、全国町村会、町村議会議長会、自民党内部の反対、知事会の慎重意見などとの激しい攻防が繰り広げられることになったのです。

その後、自民党が国会への提出をめざしてきた道州制推進基本法案は、全国町村会、全国の町村議会をはじめとする反対の声や自民党内での反対意見もあり、足踏み状態に陥りました。

安倍首相は、新設された地方創生相である石破茂氏に道州制の検討を指示しました。それに対して2014年9月の石破大臣の記者会見では、自民党内で反対の議員が多いことや、平成の大合併がよくなかったと感じる議員が多いことを指摘するとともに、道州制に関して国民的議論が行われた印象を持っていないと発言しました。また、中央省庁や国会をどうするかという議論が欠落したままだと指摘しました。

当面、統一地方選挙までは道州制の争点化を先送りし、地方創生、「地域連携」を進めながら、道州制推進法案の提出の時期をうかがうことになったとみられます。

2014年5月に発表された日本創成会議の増田レポートは、若年女性人口が2040年に5割以上減少する896自治体、うち人口1万人未満が

523自治体について、将来的に消滅するおそれが高いとして、自治体リストを推計値入りで公表しました。そのうえで、「若者に魅力のある地方拠点都市」を中核とした「新たな集積構造」を構築し、選択と集中の考え方のもとで投資と施策を集中することを提言しました。

安倍政権の掲げる経済政策であるアベノミクスは、2000年代の小泉政権下の構造改革路線を一定程度修正し、金融緩和とともに「機動的な財政政策」を打ち出しました。超金融緩和は円安と株高をもたらし、一時的公共事業拡大がマクロの需要を支えたこともあり、企業利益は増大しました。しかし、補正予算による公共事業等の財政出動が一過性である一方、2014年4月の消費税引き上げや社会保障関係費等の抑制といった緊縮政策は日本経済に継続的な影響を及ぼしており、ブレーキをかけ続けながら時々アクセルをふむような状態でした。つまり、デフレ対策の観点からみれば逆方向の政策がとられた面が強いのです[6]。2019年夏の参議院選挙において「失われた20年」から抜本的な転換を図ることを主張する「反緊縮政策」が注目を浴びたのもうなずけます。住民生活に密着した、消費税引き上げ、生活保護削減、社会保障の削減、地方交付税による地方公務員給与カットへの誘導を行ない、地域経済・住民所得へのマイナス効果・デフレスパイラルを生んでいます。

新自由主義にもとづく緊縮政策は、社会保障関係費の抑制、公共事業削減とともに地方経費の抑制を主な柱としてきました。財政緊縮政策が継続したことからデフレが長期化しただけでなく、格差と貧困の拡大、公共部門の空洞化が進行し、人口減少に拍車をかけました。生活保護抑制、医療費抑制、介護保険の認定制度の見直しなどの社会保障抑制策が住民生活に影響しており、労働法制の規制緩和とあいまって、貧困と格差を拡大し、少子化を促進する要因となったのです。さらに新自由主義的成長戦略は規制緩和推進に偏しており、緊縮政策に

6　消費税引き上げの日本経済への影響については、藤井聡（2018）、参照。

よって教育・研究への必要な財政支出を抑制したため、「第四次産業革命」に後れをとるにいたりました。

3　2014年消費税増税と地方財政

2014年4月、消費税が8%に引き上げられました。消費税増税にともなう経済対策として補正予算が組まれました。2014年度政府予算は、2013年度補正予算と合わせた15ヵ月予算でみれば、前年度に引き続き100兆円を超える規模となっています。しかし、経済対策の一方で社会保障関係費は抑制されています。

2014年度地方財政計画においては、給与関係費の実質減、一般行政経費の微減のなかで、消費税引き上げにともなう経費増をまかなう必要があるほか、公共事業拡大への対応を行うことから、自治体財政運営は厳しいものとなります。さらなる経常経費削減のためのアウトソーシングなどによって自治体の空洞化が促進されるおそれが強まりました。

消費税引き上げについては、2014年4月に8%への引き上げ、さらに2015年10月に10%への引き上げが予定されていました。その後、2回にわたって10%引き上げは延期され、ついに2019年10月に10%への引上げが実施されました。

当初の計画では、消費税10%への引き上げが行われた場合、地方消費税の引き上げと交付税法定率分の増を合わせて地方財源分は4.3兆円増えるとされましたが、そのうち3兆円近くは、国の一般会計からの交付税特例加算や臨時財政対策債発行を減らすための財源に充てられるとされました。つまり国・地方の公債発行等を抑制することに使われることになります。さらに、東京都を中心とした交付税不交付団体の水準超経費分が増えるので、不交付団体でみれば約1.1兆円増となります。それに対して消費税による経費増が2、3千億円あると考え

図 3－⑥　消費税引き上げによる地方財政への影響のイメージ

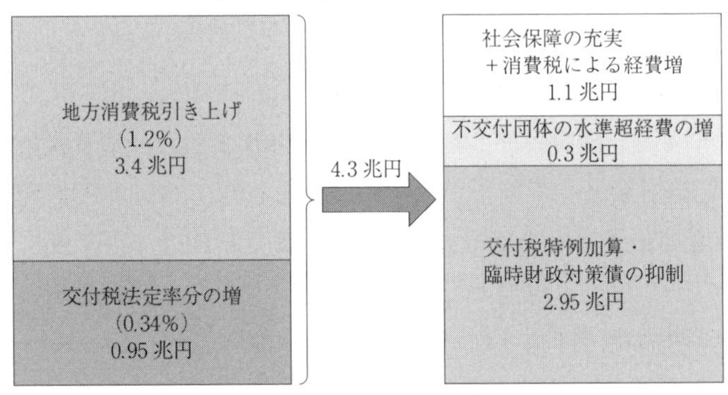

＊2014 年 4 月、消費税 8％ への引上げ時における見込み

出所：財務省資料をもとに作成

られ、それを差し引くと 8、9 千億円ほどにしかならないのです（**図 3－⑥**参照）。

消費税引き上げは自治体間の財政格差の拡大につながります。そこで格差是正のための調整が求められました。**図 3－⑦**にみられるように、地方消費税が引き上げられると東京都などは財源超過額が増えますが、たとえば島根県の場合、基準財政収入額が増える分、交付税が減ることになり、財源はほとんど増えません。それに対して、財政格差が拡大しないように調整する方法として、法人住民税の一部国税化と、消費税が上がるまでの臨時的な経過的措置と言われた地方法人特別税 1.8 兆円の税収のうち、1.2 兆円分が継続されることになりました。地方財源総額を抑制するため、地方間で調整することが重視され、富裕団体である東京都等から吸い上げて再配分するという枠組みで対応しようというものです。

また、消費税引き上げの一方で、復興特別法人税が 1 年前倒しで廃止されました。黒字の大企業の資本蓄積が優遇される一方、消費税引

図 3—⑦　地方消費税引き上げによる自治体間の財政力格差の拡大

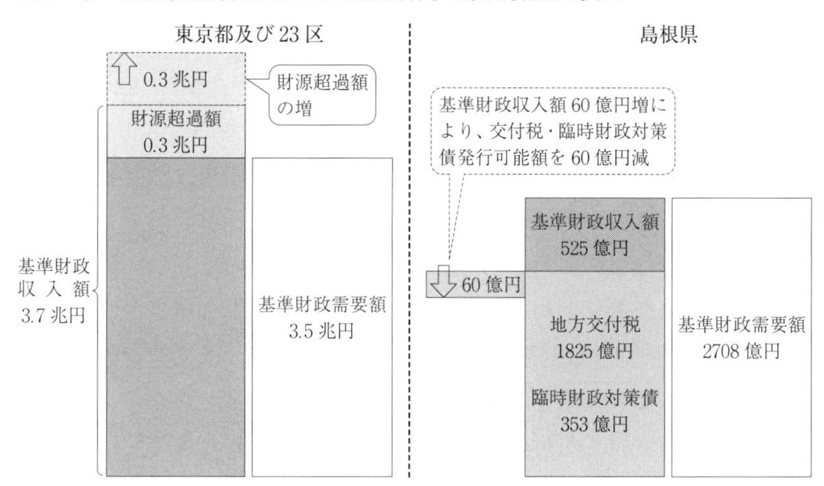

＊地方消費税率 1% で 2.8 兆円を前提に 2011 年度決算の実績をもとに試算

出所：財務省資料をもとに修正

き上げによる国民・住民への負担増となったのです。

4　「新しい経済政策パッケージ」と骨太方針 2018

政府は 2017 年 12 月、「新しい経済政策パッケージ」を策定し、2019 年 10 月消費税引き上げ分の使い道を見直し、消費税引き上げによる増収分の半分を教育負担軽減・子育て層支援・介護人材確保等に充当することとしました。そのため、2020 年度 PB（プライマリーバランス、基礎的財政収支）黒字化目標達成は困難になっています。

また、経済・財政一体改革の中間評価（2018 年 3 月）では、PB 改善の遅れの要因を分析しています。それによると、成長率の低下に伴う税収の伸び悩み、消費税引き上げ再延期の影響などがあげられています。そのうえで、今後求められる対応として以下をあげています。①デフレ脱却・経済再生の実現（消費税引き上げの影響克服、生産性革命と人づくり革命など)、②財政健全化に向けた取組み(無駄の排除、生産性革命･人づくり革命への予算重点化、インセンティブ強化など)、③新たな課題への対応(持続可能な社会保障制度、インフラの集約･複合化、長寿命化、イノベーション加速化、地政学的リスクへの対応)。

以上の対応は、アベノミクスの破綻を認めないまま、消費税引き上げの再々延長を否定し、消費税引き上げの条件整備として成長を実現しなければならないという難しい課題を示したものでした。財政再建と成長の二兎を追うために重視されたのが未来投資会議でした。

2018年6月に閣議決定された骨太方針2018は、未来投資会議が打ち出した未来投資戦略を経済財政運営において推進しながら、当面の財政再建と経済成長を目指した方針として策定されたものです。骨太方針2018においては、社会保障改革を軸とする「基盤強化期間」が設定され、2019年度～2021年度をその期間として位置付けています。

地方行財政にかかわっては、以下の方針が打ち出されています。第一に、行政コストの効率化に向け、全ての行政分野において、多様な広域連携を推進することです。第二に、地方交付税をはじめとした地方財政制度の改革です。第三に、公営企業・第三セクター等の経営抜本改革です。公営企業については広域化、連携、再編・統合など経営の抜本改革を加速するとしています。第四に、国・地方の行政効率化、IT化と業務改革です。第五に、見える化、先進･優良事例の横展開です。

こうした方針のもとで、後で詳しくみるように自治体戦略2040構想が動き出し、緊縮政策下での集権的地方財政改革が推進されていくことになっていきます。

5　地方財政の悪化

2000年代、小泉構造改革による地方歳出総額の抑制が自治体財政に大きく影響しました。特に2004年度から2006年度を中心とした三位一体改革は地方交付税の大幅抑制、国庫補助負担金の縮減をもたらし、地方財政危機を演出しました。

その後、ポスト小泉政権において一定の地方財政の復元が図られましたが不十分なものでした。2008年のリーマンショックは地域経済社会に打撃を与えました。それに対して2009年度以降、地方財政計画において歳出特別枠が計上され、地方交付税に反映されました。

2011年度から地方一般財源総額実質同水準ルールが導入されました。同ルールは、地方側からみれば地方経費を抑制した、財務省の圧力に対して地方一般財源総額を確保するためのルールとしての側面があったのですが、同時に、財務省側からみれば社会保障費の地方負担の自然増や地方交付税の法定率分の増加などの地方経費の増加要因に対して地方経費を抑制するためにタガを嵌める手段でもありました。実際、2011年度以降、国税収・地方税収の回復傾向が続くなかで、地方一般財源総額は、2014年の消費税引き上げの影響分を除けばほぼ横ばいが続きました（図3－⑧参照）。地方交付税増額分は臨時財政対策債減額で相殺されたのです。

この点に関して財務省の審議会である財政制度等審議会の「令和2年度予算編成建議」（2019年11月25日）は以下のように評価しています。

「一般財源ルールは、地方の安定的な財源を確保するものであるが、その結果として一般財源見合いの歳出も実質同水準となっており、歳出面の財政規律としても機能している。具体的には、一般財源ルールに基づく毎年度の地方財政対策の結果、地方の一般財源総額（及びその見合いの歳出額）は、不交付団体の水準超経費や消費税率引上げに伴う社会保障の充実等に相当する分を上乗せした水準で維持されている。一般財源ルールの下、歳出の伸びを抑制する中で、国や地方の税

図3―⑧　地方一般財源総額の推移（地方財政計画ベース）

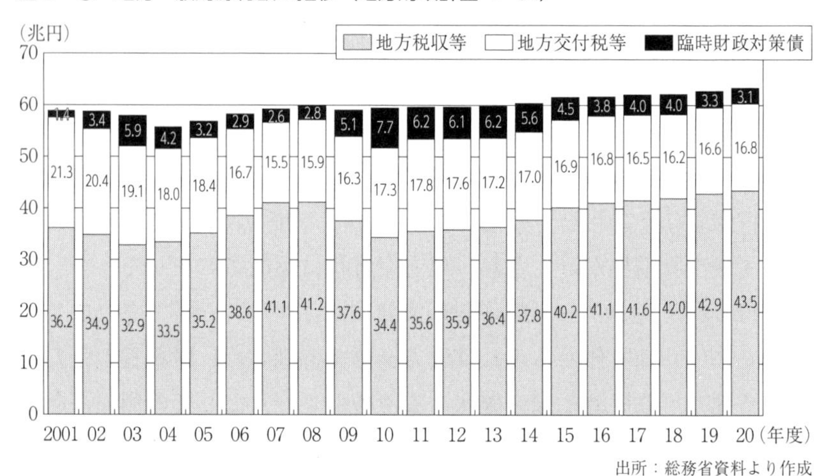

出所：総務省資料より作成

収の回復に伴い、国と地方が折半で負担してきた財源不足は年々縮小してきた」

以上の地方経費抑制の枠組みのなかで自治体財政健全化法を中心に財政健全化促進策が推進されました。

図3－⑨は自治体財政健全化法の健全化判断比率の一つである実質公債費比率の平均値の推移をみたものです。市町村の数値は財政健全化法導入以降、一貫して低下を続けています。それに対して都道府県の数値はあまり低下しませんでしたが、2011年度をピークに近年は低下をしています。次に、健全化判断比率の一つである将来負担比率をみると、都道府県、市町村とも低下傾向を続けています（図3－⑩参照）。これらの財政指標の改善は、各自治体が自治体財政健全化法による健全化判断比率規制や国の行革等の推進に対応し、財政緊縮政策を進めた結果とみることができます。

しかし、自治体財政が改善したとはいえません。図3－⑪は実質単年度収支が赤字である団体の割合の推移をみると、自治体財政健全化法

図３－⑨ 実質公債費比率の推移

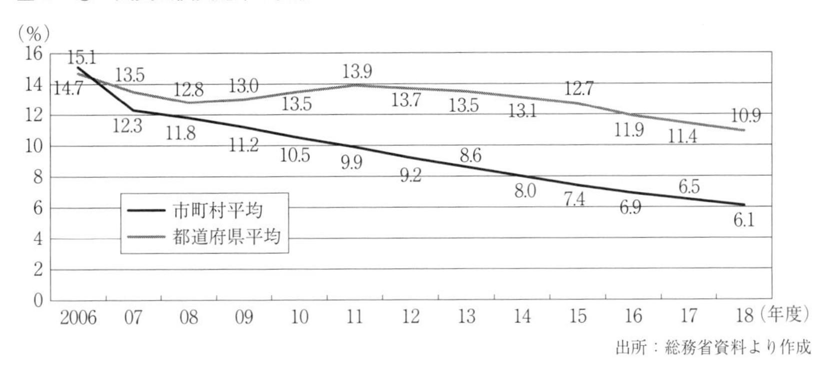

出所：総務省資料より作成

図３－⑩ 将来負担比率の推移

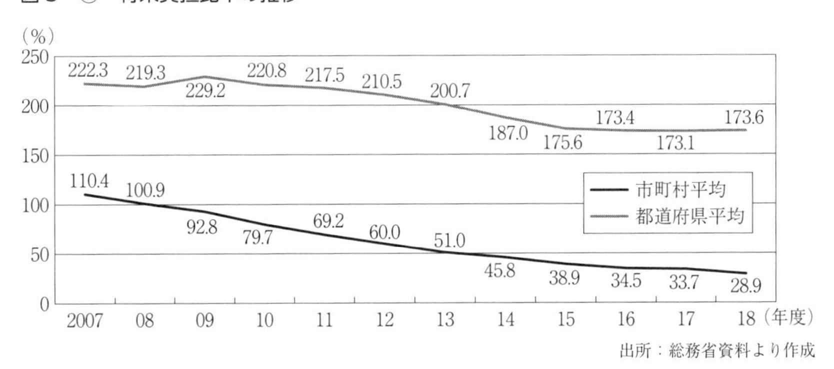

出所：総務省資料より作成

図３－⑪ 実質単年度収支赤字団体比率の推移

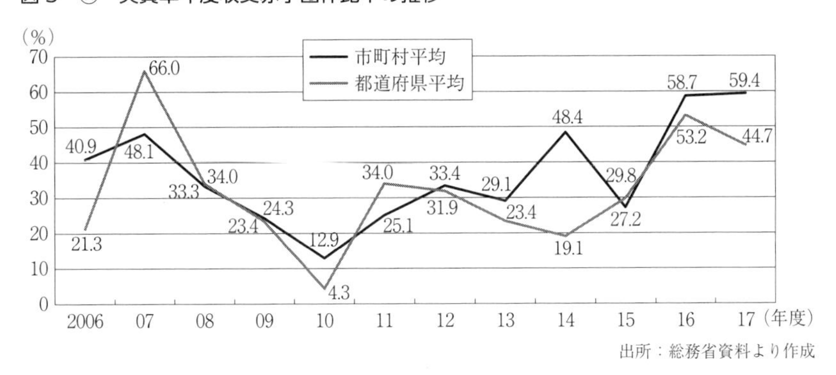

出所：総務省資料より作成

図３－⑫　経常収支比率の推移

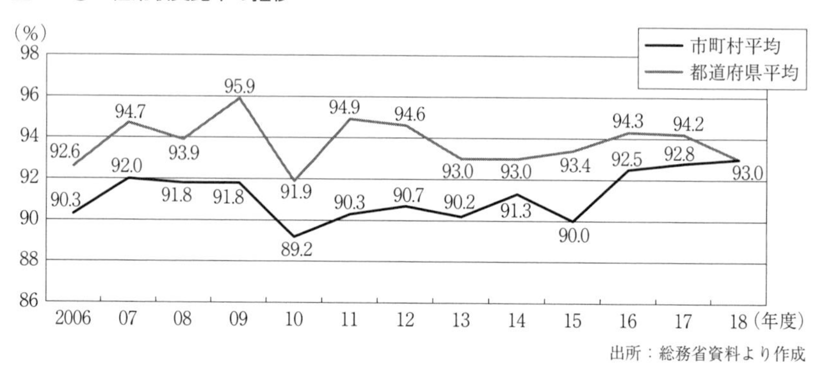

出所：総務省資料より作成

が本格実施された2008年度から2010年度にかけて都道府県、市町村とも赤字団体割合が減少しています。しかし、地方一般財源抑制策の継続の影響がじわじわと自治体財政の収支悪化をもたらし、2011年度以降、赤字団体割合は増加傾向にあります。標準財政規模に対する実質的な公債費負担の割合や将来負担の割合が平均して低下傾向にあるにもかかわらず、自治体の実質的な財政収支状況が悪化しているのです。

また、市町村の経常収支比率（加重平均）をみると、2010年度の89.2から上昇傾向が続いており、2018年度は93.0となっています。それだけ市町村の財政の余裕度が低下していることがうかがえます。それに対して都道府県については市町村とくらべて経常収支比率が高い水準で推移しています。都道府県の財政はここ10数年間、余裕度が低い状況が続いていることがうかがえます（図３－⑫参照）。

国の地方財政計画は地域共同需要の増大に十分に対応していません。社会保障の地方負担分の自然増や子育て支援の需要増大などを考慮すれば、地方財政計画の実質前年度同水準が続く状況は自治体財政運営にとって厳しいものとなっています。

特に、地方財政計画の実質前年度同水準のもとで、都市部で全国平

図３－⑬　基準財政需要額（臨時財政対策債振替前、公債費除く）の変化率（2014-2019年度）

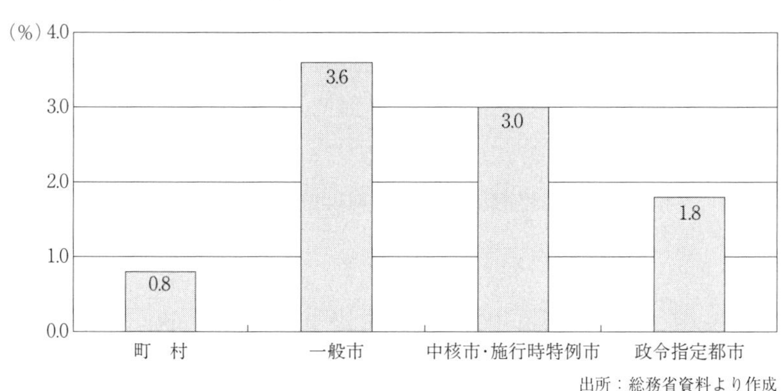

出所：総務省資料より作成

均を上回って高齢者人口が増加する傾向があることから、都市部と比べ地方部の一般財源がより厳しく抑制される傾向が出ています。

この点について、地方財政審議会「今後目指すべき地方財政の姿と令和２年度の地方財政への対応についての意見」(2019年12月13日)は以下のように指摘しています。

「…地方の一般財源総額については、近年、実質的に同水準が確保されているものの、各地方自治体の状況を見ると、地方税収の回復具合が異なることに加え、都市部においては全国平均を上回って高齢者人口が増加し、社会保障関係経費の増加が地方交付税の基準財政需要額の増額につながっていることから、人口減少が進む地方部との間で一般財源の推移に差が生じている。持続可能性への懸念が増大しつつある地方部の地方自治体においては、社会保障関係経費の伸びは都市部に比べて小さいものの地域社会を維持するための経費が増大しており、このような財政需要に対する財源の確保が求められている」

実際、ここ５年間の基準財政需要額（臨時財政対策債振替前。公債費を除く）の変化率をみると、中核市・施行時特例市のそれは3%増、

表３－②　町村における基準財政需要額の推移

	個別算定経費合計	うち公債費	包括算定経費	総　計 (臨時財政対策債振替前需要額)
2014 年度	2,725,644	420,507	504,922	3,225,762
2019 年度	2,824,730	434,064	436,494	3,261,223
2014－2019 変化率	3.6%	3.2%	-13.6%	1.1%

表３－③　中核市・施行時特例市における基準財政需要額の推移

	個別算定経費合計	うち公債費	包括算定経費	総　計 (臨時財政対策債振替前需要額)
2014 年度	4,315,064	602,031	485,250	4,798,835
2019 年度	4,498,990	597,900	419,791	4,918,782
2014－2019 変化率	4.3%	-0.7%	-13.5%	2.5%

表３－④　一般市における基準財政需要額の推移

	個別算定経費合計	うち公債費	包括算定経費	総　計 (臨時財政対策債振替前需要額)
2014 年度	8,812,577	1,324,320	1,208,384	10,015,439
2019 年度	9,358,178	1,385,105	1,028,863	10,387,041
2014－2019 変化率	6.2%	4.6%	-14.9%	3.7%

表３－⑤　政令指定都市における基準財政需要額の推移

	個別算定経費合計	うち公債費	包括算定経費	総　計 (臨時財政対策債振替前需要額)
2014 年度	4,769,957	681,467	382,093	5,149,446
2019 年度	5,816,536	705,825	328,306	6,144,841
2014－2019 変化率	21.9%	3.6%	-14.1%	19.3%

＊政令指定都市の臨時財政対策債振替前基準財政需要額から公債費だけでなく、「その他教育費・人口」を除させないためである。

一般市のそれは3.6％増となっているのに対して、町村のそれは0.8％増にとどまっています。また、政令指定都市のそれは1.8％増であり、増加率が町村より高いものの一般市等に比べて低い状況にあります（図３－⑬および表３－②～表３－⑤参照）。

（100万円）

臨時財政対策債振替前需要額（公債費除く）	臨時財政対策債振替相当額	臨時財政対策債振替後需要額
2,805,255	224,064	3,001,698
2,827,159	136,453	3,124,771
0.8%	-39.1%	4.1%

出所：総務省資料より作成

（100万円）

臨時財政対策債振替前需要額（公債費除く）	臨時財政対策債振替相当額	臨時財政対策債振替後需要額
4,196,804	455,763	4,343,072
4,320,881	342,720	4,576,062
3.0%	-24.8%	5.4%

出所：総務省資料より作成

（100万円）

臨時財政対策債振替前需要額（公債費除く）	臨時財政対策債振替相当額	臨時財政対策債振替後需要額
8,691,119	847,959	9,167,481
9,001,935	551,615	9,835,426
3.6%	-34.9%	7.3%

出所：総務省資料より作成

（100万円）

臨時財政対策債振替前需要額（公債費除く）	その他教育費・人口	臨時財政対策債振替前需要額（公債費・その他教育費・人口除く）	臨時財政対策債振替相当額	臨時財政対策債振替後需要額
4,467,979	185,953	4,282,026	664,318	4,485,128
5,439,016	1,081,780	4,357,236	496,504	5,648,337
21.7%	481.7%	1.8%	-25.3%	25.9%

くのは、2017年度から、県費負担教職員の給与負担等が府県から政令市に移行したため、その影響分を反映

出所：総務省資料より作成

以上にみたように、緊縮政策下において地方財政は逼迫しており、そこに消費税増税と新型コロナショックが起こったのです。そのため危機に対する自治体の対応力が削がれた状況で対応せざるを得ないのです。こうした状況下では、政府は早急に予算措置を講じ、自治体が

機敏に対策を講じるために十分な財源保障を行うべきでした。しかし、予算措置は遅れ、後手後手に回ってしまいました。こうした状況を早急に転換する必要があります。

4. 2020年度政府予算と地方財政

本章では、2020年度政府予算と地方財政計画の内容を検討します。前章でみたように、2020年度政府予算と地方財政計画は、20年にもおよぶ緊縮政策によって地方財政の悪化と自治体空洞化が進むなかで、消費税増税や新型コロナショックによるきわめて深刻な経済危機に直面する状況下で組まれたものです。2020年度予算編成にあたっては、消費税増税は当然のこととして織り込んでいましたが、新型コロナの影響は織り込んでいません。

1　2020年度政府予算と地方財政政策にかかわる議論動向

毎年度の政府予算編成と地方財政対策において、財政制度等審議会および地方財政審議会が財務省と総務省の方針を代弁する意見を公表しています。それぞれの2020年度予算をめぐる意見をみておきましょう。

①　地方財政審議会の意見

総務省の審議会である地方財政審議会「今後目指すべき地方財政の姿と令和2年度の地方財政への対応についての意見」は、2019年6月意見に引き続き、地方財政の危機的な状況に警鐘を鳴らしました。そのうえで、「地方自治体が、創意工夫を凝らしながら、地域の実情に応じた取組を推進し、住民生活の安心と安全を確保する役割を適切に果たしていくためには、確固とした地方財政の基盤が不可欠である」との認識を示しました。

また、地方歳出に関する現状認識は以下のとおりです。「地方財政計画における近年の歳出の推移を見ると、国の制度に基づく社会保障関係経費の増加を、給与関係経費や投資的経費（単独）の削減で吸収してきており、歳出総額は、ほぼ横ばいで推移してきた」「給与関係経費、投資的経費ともに、ピーク時から大幅に減少しており、喫緊の課題への取組も求められる中、これまでと同様の対応を続けることは困難な状況となってきている」

以上のように、地方財政審議会の意見は、地方一般財源総額の前年度実質同水準の枠組みが限界にきていることを示唆しています。また、過疎地に傾斜配分されてきた歳出特別枠がなくなったなかで、地方一般財源総額の前年度実質同水準のスキームが継続し、さらに都市部の高齢者人口増加が地方のそれを上回って進行していることから、都市部の基準財政需要額の増額のしわ寄せが地方部の自治体にきていることがうかがえます。

②　財政制度等審議会の建議

それに対して、財務省の審議会である財政制度等審議会「令和2年度予算編成建議」は以下のように、引き続き一般財源ルールによる地方歳出の抑制を図るよう提言を行っています。

「令和2年度（2020年度）においても、消費税率引上げによる増収（通年度化分）や税源の偏在是正効果が生じることも踏まえ、一般財源ルールの下で引き続き歳出の伸びを抑制しつつ、臨時財政対策債や交付税特会の借入金の縮減を着実に進めていくことが不可欠である」

以下にみるように、地方財政審議会の意見にも関わらず、2020年度政府予算案は財政制度等審議会の建議の線で組まれたのです。

2　緊縮政策下の2020年度政府予算

2020年度政府予算は消費税引き上げの影響が平年度化するなかで、経済対策にともなう「15ヵ月予算」の考え方をとっており、2019年度補正予算と2020年度当初予算の臨時・特別措置を組み合わせることになっています。

① 経済対策と2019年度補正予算

2019年12月5日に打ち出された経済対策は、財政支出13.2兆円程度となっており、①災害復旧・復興、防災・減災・国土強靭化、②経済の下振れリスク対策、③Society 5.0等の「未来への投資」、経済活力の維持・向上、の3分野の施策が盛り込まれています。

財政支出13.2兆円程度のうち財政投融資が3.8兆円程度であり、国・地方の歳出は9.4兆円程度となっています。国・地方の歳出のうち国費が7.6兆円であり、そのうち一般会計分は、2019年度補正予算でまかなわれるのが4.3兆円、2019年度予備費が0.1兆円、2020年度当初予算における臨時・特別措置が1.8兆円となっています（その他、特別会計分が2019年度0.7兆円、2020年度0.8兆円）。

実際の2019年度補正予算は、歳出追加額から減額分を差し引いたネットでみれば、約3.2兆円規模となっています。このうち、「災害からの復旧・復興と安心・安全の確保」が2.3兆円と最も大きいのですが、それに続いて「未来への投資、経済活力の維持・向上」が1.1兆円程度となっており、そのうちSociety 5.0関連の予算が0.8兆円程度となっています。それにたいして「経済の下振れリスク対策」は0.9兆円程度にとどまっており、さらにその中身は中小事業者の生産性向上や農林水産業の輸出力強化等に集中しており、消費税引き上げで打撃を受ける中小事業者等に対する下支えになっているとはいえません。

② 2020年度政府予算

政府予算の概要をみておきましょう。まず、予算の前提としての経済見通しについては、名目成長率2.1%、実質成長率1.4%を想定した甘い見通しになっており、それによって税収を過大に見積もっているとおもわれます。2019年度の当初予算の前提としての経済見通しは甘かったことが明らかになっています。2018年12月の政府発表では名目成長率2.4%、実質成長率1.3%でしたが、2019年12月の発表では実績見込みは名目成長率1.8%、実質成長率0.9%と下振れしています。そのため2019年度の税収も下振れしているのです。2020年以降の日本経済に対しては民間では厳しい予測も行われていることに注意する必要があります。コロナ危機の影響がなくても厳しい経済予測となっていたのです。

2020年度当初予算における歳入では、所得税を抜いて消費税が最も税収が多くなっています。消費税増税の平年度化により日本経済に及ぼす影響も本格化します。消費への影響とともに懸念されるのが中小業者への影響です。インボイスを発行するために課税業者に移行せざるをえない中小業者は消費税負担により厳しい経営を強いられることとなります。

2020年度予算は、通常分と経済対策に伴う臨時・特別措置からなります。経済対策に伴う臨時・特別措置分は2019年度当初予算約2兆円より0.2兆円少なくなっています。

2019年度政府予算について、平岡（2019a）では、甘い経済見通しにもとづく予算による軍事費、公共事業拡大、消費税対策としてのバラマキの一方、社会保障抑制、中小企業対策削減、文教費抑制、地方経費抑制という傾向が際立つものであると指摘しました。

2020年度政府予算は消費税引き上げの平年度化にともなう歳入・歳出増を除けば、2019年度予算と同様の傾向を示しています。すなわち、軍事費は1.1%増と過去最高を更新し、消費税対策としての臨時・特別措置では前年度予算や補正予算に引き続き、不公平であるなどの批判の多いキャッシュレス決済へのポイント還元やマイナポイントが計上されています。公共事業関係費は0.8%減ですが、補正予算による公共事業関係費増を含めてみれば増加傾向にあります。

一方、社会保障関係費は対前年度+1.7兆円、5.1%増となっていますが、そのうち1.2兆円は消費税増税分を活用した社会保障施策分であり、高齢化による自然増分は0.4兆円にとどまっています。骨太方針2018において策定した経済・財政再生計画は、社会保障関係費の伸びを高齢化による増加分を反映する伸びに抑える方針をとっており、その方針に沿って社会保障関係費の自然増の抑制が図られました。具体的には、薬価代引き下げや介護保険料の引き上げにより予算要求時の自然増+5300億円を+4100億円に抑制しました。診療報酬は薬価を含む全体では4回連続のマイナス改定となっています。また、文教費抑制、中小企業対策削減も前年度と同様に継続しています。

3 2020年度地方財政対策

次に、地方財政対策の特徴を確認しておきましょう。地方財政計画における収支は通常収支と東日本大震災分に分かれます。通常収支分の歳入をみると、一般財源総額は63.4兆円（+0.7兆円）、水準超経費を除く地方交付税交付団体ベースでみると+1.1兆円増となっています。そのうち、地方税・地方譲与税は+0.6兆円、地方交付税・地方特例交付金は+0.2兆円、臨時財政対策債は−0.1兆円です。一般財政総額の増加の主な要因は消費税引き上げにともなう地方消費税収の増加です。また、交付団体ベースの一般財源総額が特に増加した要因として、地方法人課税の偏在是正があります。

通常収支分歳出をみると、給与関係費▲0.2%、一般行政経費+5.1%（うち一般行政経費補助+5.8%、一般行政経費単独+2.1%）、投資的経費▲2.0%（うち投資的経費直轄・補助▲3.7%、投資的経費単独0.0%）、維持補修費+7.5%、公債費▲1.8%、公営企業繰出金▲1.9%となっています（図4-①参照）。

給与関係費は2014年度以降ほぼ横這い状況で推移していますが、インフラ対応や子育て支援などの自治体職員体制の充実が求められるなかで不十分なものとなっています。地方財政計画上の自治体職員数の

図４－① 2020年度地方財政収支見通し（通常収支分）

（歳入）

地方税・地方譲与税	43.5兆円（＋0.6兆円）
地方交付税	16.6兆円（＋0.4兆円）
臨時財政対策債	3.2兆円（▲0.1兆円）
地方特例交付金	0.2兆円（▲0.2兆円）
国庫支出金	（未確認）
地方債（臨時財政対策債以外）	6.1兆円（▲0.0兆円）
その他	（未確認）

（歳出）

給与関係経費	20.3兆円（▲0.0兆円）
一般行政経費	40.4兆円（＋2.0兆円）
うち一般行政経費補助	22.7兆円（＋1.3兆円）
一般行政経費単独	14.8兆円（＋0.3兆円）
まち･ひと･しごと創生事業費	1.0兆円（＋0.0）
地域社会再生事業費（新規）	0.4兆円（皆増）
投資的経費	12.8兆円（▲0.3兆円）
うち直轄・補助	6.7兆円（▲0.3兆円）
単独	6.1兆円（＋0.0兆円）
公債費	11.7兆円（▲0.2兆円）
維持補修費	1.5兆円（＋0.1兆円）
公営企業繰出金	2.5兆円（▲0.0兆円）
水準超経費	1.7兆円（▲0.4兆円）

歳入・歳出総額	90.7兆円（＋1.2兆円）

出所：総務省資料より作成

うち小中学校の教員数は学校統廃合や少子化による自然減を反映して減となっています。

一般行政経費補助の増加は、消費税増税分を活用した幼児教育・保育無償化など社会保障施策（地方負担分を含む）や社会保障費の自然増が反映しています。

一般行政経費単独分の増加の要因の一つは、会計年度任用職員制度の施行に伴う期末手当等の経費増約1700億円です。

一般行政経費の増加のうち注目されるのが地域社会再生事業費（仮称）の創設（4200億円）です。消費税引き上げに伴う税収増が地方一般財源に一定程度プラスされていますが、安倍政権の政策への地方の動員に対する財源としての側面が強いのです。その一方、それ以外の一般財源は抑制されています。このことは地方財政計画の歳出における給与関係経費や投資的経費単独がほぼ横ばいであり、一般行政経費単独についても0.3兆円増にとどまっていることに表れています。一般行政経費単独の増加は地方法人課税の偏在是正によって生み出した財源を活用して新たに創設された地域社会再生事業費（仮称）によるものであり、地方間の財源移転に過ぎず、地方歳出全体には影響しません。

また、地方創生政策の継続を背景に、まち・ひと・しごと創生事業費は引き続き1兆円が計上されました。

維持補修費の増額の要因は緊急浚渫推進事業費（仮称）900億円を創設したことによります。この間相次いだ大規模な浸水被害に対応するための河川等の浚渫経費を計上したものです。

地域社会再生事業費（仮称）は4200億円程度が計上され、地方交付税における算定において道府県分2100億円程度、市町村分2100億円程度となっています。算定方法は、①人口構造の変化に応じた指標、②人口集積の度合いに応じた指標の2つの指標を反映するものとされ、人口減少率が高く少子高齢化が進行している団体の経費や人口密度の低い地域における人口の多い団体の経費を割り増しするとしています。先に見たように地方部の自治体の一般財源確保が課題となっていることに一定程度応えようというものです。ただし、これまでの地方財政抑制策によって疲弊した自治体財政にとってはきわめて不十分です。

図4－②は、地方財政計画の歳出のうち、給与関係経費、一般行政経費単独および投資的経費単独の推移をみたものですが、この20年間における国による地方歳出抑制策がよく表れているといえます。

2020年度に入り、前述したようにコロナ危機のなかで政府は大型の経済対策を打ち出しましたが、2020年度当初予算自体は修正なしに成立させ、補正予算では当初予算の事業内容を組み替えることなく、緊

図４－②　地方財政計画における各歳出項目の推移（通常収支分）

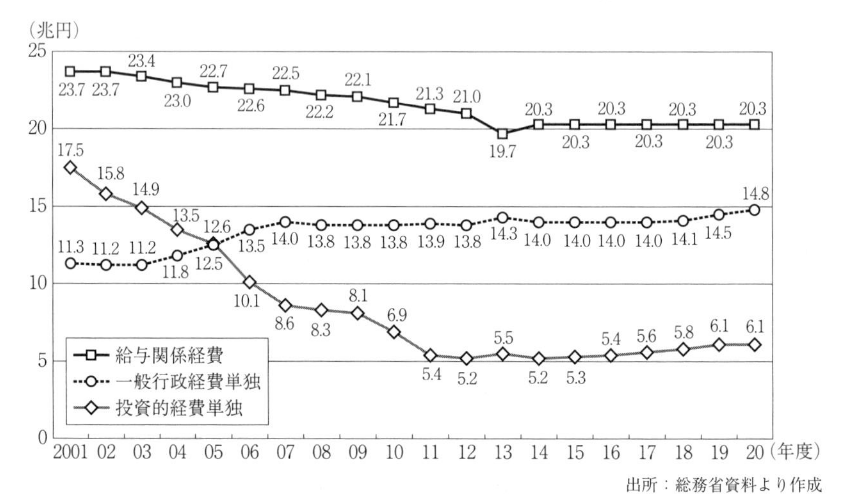

急対応の感染拡大防止・医療提供体制整備や雇用・経済対策などを追加したものでした。つまり、コロナ危機を契機とした地方財政および社会保障関係費の抜本的見直しが求められているにもかかわらず、臨時的財政措置のみに終始したのです。

地方財政措置としては、「新型コロナウイルス感染症対応地方創生臨時交付金（仮称）」１兆円が措置されましたが、あくまで経済対策の事項への対応に使途が限定された臨時的財政措置であり、地方一般財源の拡充ではありません。臨時交付金は休業事業者への協力金に使うことが可能になりましたが、１兆円では足らないことから全国知事会は臨時交付金の増額と非課税扱いとするよう要求しました。

5. 自治体戦略2040構想と地方財政

本章では、総務省が目指す新たな自治体行財政の改革構想である「自治体戦略2040構想」を検討します。この構想は、安倍政権の重点戦略である「未来投資戦略」と密接に関連しています。

1　安倍政権の未来投資戦略と経済財政政策

安倍政権における「未来投資戦略2018」は未来投資会議がまとめたものです。これまでは経済財政諮問会議が主要な司令塔としての位置づけがなされてきましたが、安倍内閣において司令塔としての未来投資会議の役割が大きくなり、経済産業省主導が強まっているとも指摘されています（白藤2019、参照）。

未来投資戦略2018は「Society 5.0」「データ駆動社会」への変革をうたっています。Society 5.0とは、狩猟社会、農耕社会、工業社会、情報社会とこれまでたどってきた社会の次に来る新たな経済社会として描かれています。Society 5.0は2016年1月に閣議決定された政府の第5期科学技術基本計画においてはじめて提起されたものです。Society 5.0の具体的なネーミングは、第5期科学技術基本計画において「超スマート社会」とされています。また、未来投資戦略2018の副題においては「Society 5.0」と並んで「データ駆動社会」がうたわれています。

Society 5.0の展開として想定されているのは以下の5項目です。①「生活・産業（自動化、遠隔・リアルタイム化、次世代産業）」、②「経済活動の糧（エネルギー・環境、FinTech）」、③「行政・インフラ（デジタルガバメント、行政データのオープン化、PPP/PFI）」、④「地域・コミュニティ・中小企業（スマート農林水産業、スマートシティ、中小企業の生産性革命など)」、⑤「人財（労働市場改革、外国人財活用、大学改革)」。これらの分野がAI、ビッグデータ、IoT等の実装化が進む第4次産業革命によって大きく変わるチャンスだとしています。

また、Society 5.0への基盤づくりとして、共通インフラ、大胆な規制・制度改革を打ち出すとともにフラッグシップ・プロジェクトの推進を掲げています。また、重大なのは、今後の成長戦略推進において、従来の審議会スタイルの他に、マーケットや「現場」に近いプレーヤーが参画する産官協議会を設置するとしていることです。それは利益相反などお構いなしの露骨な方針であり、プレーヤーによるモラルハザードが懸念されます。

Society 5.0として描かれている社会の姿は、一見すると新たな経済成長と生活の利便性向上をもたらす「バラ色」の構想に見えますが、実はきわめて危うい構想です。それは経済界主導の公共サービス産業化や行政データのオープン化による新たな経済主義的改革としての性格が強く、それらが公共性や基本的人権、さらには地方自治やコミュニティを破壊する強い「毒性」をもつことが覆い隠されているからです。

2　安倍政権と集権的地方財政改革

筆者は安倍内閣下における地方財政改革を集権的地方財政改革と特徴づけてきました（図5-①参照)。それは3つの内容からなります。第一に、マイナスサムゲーム下における「生き残り競争」促進のための「競争主義改革」です。ふるさと納税、地方交付税における成果配分方式、地方創生関係交付金などがこれにあたり、多くの「負け組」を作り出し、「あきらめ」のマインドづくりを演出するものです。

第二に、自治体行政の「標準化」・「アウトソーシング化」、「産業化」を促進する「自治体空洞化改革」です。地方交付税におけるトップランナー方式、自治体業務改革、公務公共サービスの産業化、公営企業

図5－①　集権的地方財政改革のねらいと懸念される姿

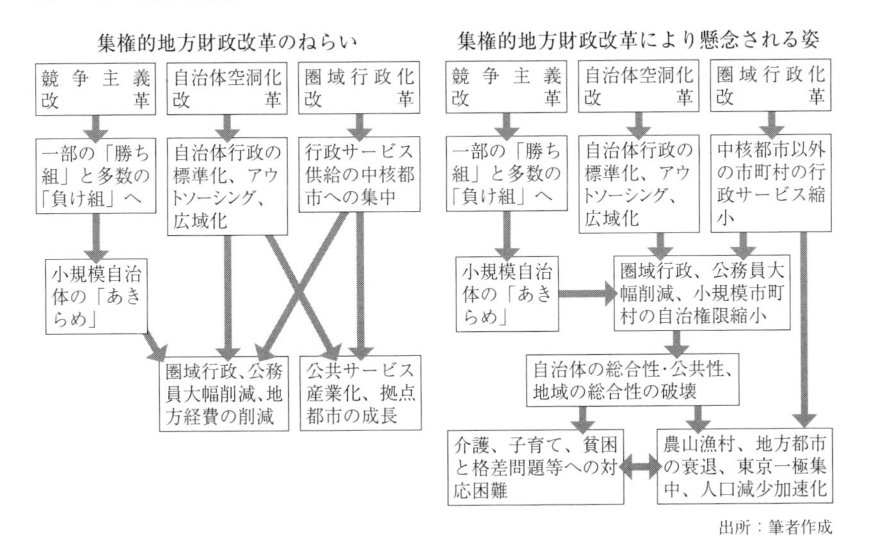

出所：筆者作成

改革などがこれにあてはまります。これらの改革は標準化・アウトソーシングによる効率化を追求するものですが、その反面、自治行政権の空洞化を促進します。これらの改革は自治体行政の標準化とアウトソーシングによる効率化を進めることで自治行政権の空洞化を促進します。また、それだけでなく、公務公共サービスを市場化、産業化することによって企業の新たな収益機会を拡大することが狙われます。

第三に、拠点化、広域化、圏域単位の行政の促進する「圏域行政化改革」です。連携中枢都市圏、立地適正化計画、「小さな拠点」、水道事業の広域化などがこれにあたります。公共施設等総合管理計画や学校統廃合の推進もこうした改革に関連しています。これらの改革が目指す姿は、標準化・アウトソーシング化により効率化された行政サービスの一元供給体制の単位としての圏域行政の確立です。圏域行政の制度化は中心都市への行財政権限の集中を意味しますので、周辺の小規模市町村からの行財政権限の剥奪を伴います。

以上の集権的地方財政改革の主なねらいは、行政の標準化、アウトソーシング化およびネットワーク化によって、自治体合併によらずとも「安上がり」の地方統治構造をつくりだすとともに、行政データを産業界に提供し、新たな経済成長につなげるというものです。このことを明確な戦略として打ち出したのが、自治体戦略2040構想に他なりません。

3　自治体戦略 2040 構想

2018年4月、総務省「自治体戦略2040構想研究会」第一次報告、2018年7月、第二次報告（最終報告）が公表されました。この報告は、2018年7月に発足した第32次地方制度調査会の諮問事項に反映されています。安倍内閣総理大臣による諮問文は以下のとおりです。「人口減少が深刻化し高齢者人口がピークを迎える2040年頃から逆算し顕在化する諸課題に対応する観点から、圏域における地方公共団体の協力関係、公・共・私のベストミックスその他の必要な地方行政体制のあり方について、調査審議を求める」

地方制度調査会は内閣総理大臣の諮問にもとづき、地方制度全般について検討し、答申を出します。答申にもとづき地方自治法等が改正されることになるので、その役割は日本の地方自治にとってきわめて重要です。自治体戦略2040構想研究会の報告は地方制度調査会での検討と法制化につなぐものとしてまとめられたものであり、その内容は地方創生政策における「調整戦略」の具体化と深く関わっています。

研究会報告の思考方法は2040年頃の姿を描き、バックキャスティングに課題を整理し、対応策を打っていくというものです。研究会報告の2040年の姿からみた現状認識は、自治体経営資源の制約・若年者の減少が労働力の不足につながり、そのため公共部門の維持できるサー

図 5—② 地方公務員数の推移

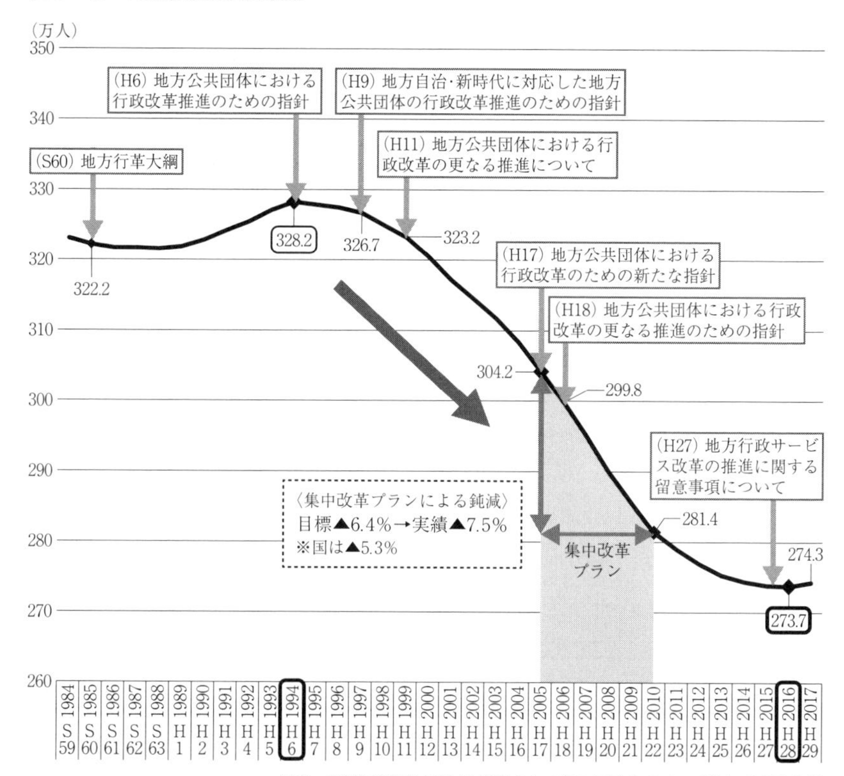

出所：「自治体戦略 2040 構想研究会（第 8 回平成 30 年 2 月）」事務局資料

ビス、公共施設の減少につながるというものです。このことは研究会第一次報告で説明されています。研究会第一次報告では、2040 年頃に迫る内政上の危機を、①「若者を吸収しながら老いていく東京圏と支え手を失う地方圏」、②「標準的な人生設計の消滅による雇用・教育の機能不全」、③「スポンジ化する都市と朽ちるインフラ」というの 3 つの柱に集約しています。

図 5 - ②は、2018 年 2 月、自治体戦略 2040 構想研究会に事務局から提供された資料です。それによると、政府は 1990 年代に地方行革を推

図5—③　人口構造の変化が地方財政に与えうる影響

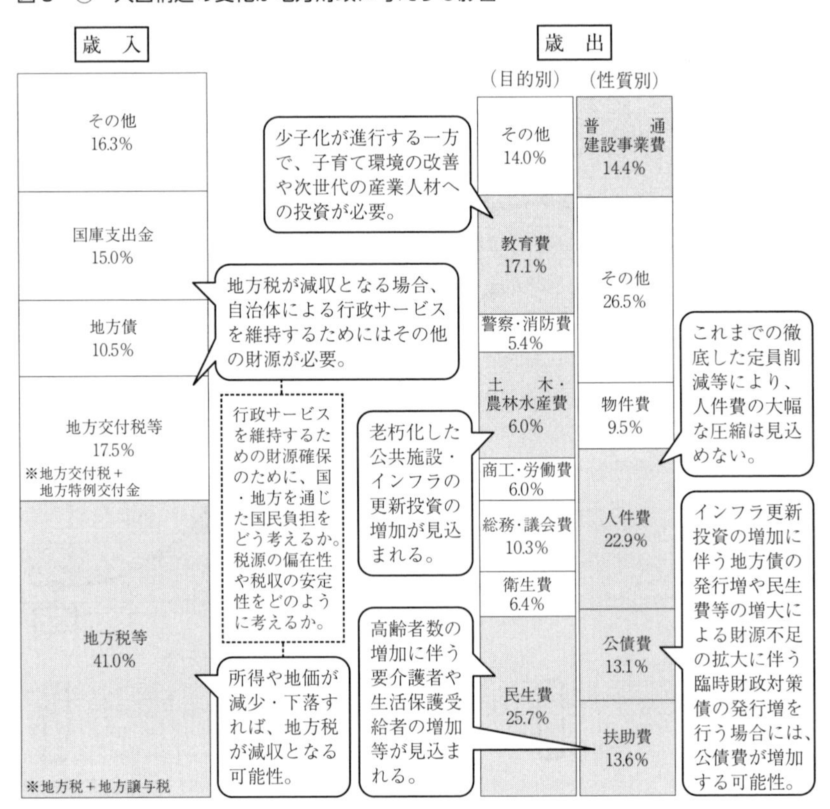

出所：「自治体戦略2040構想研究会（第8回平成30年2月）」事務局資料

進しており、それによって地方公務員数は1994年度をピークに減少を続けています。特に2005年度から2010年度にかけての集中改革プランでは目標を上回る地方公務員数の減少を達成しています。しかし、その後は減少数が下がってきており、2016年度には底を打ったようにみえます。つまり、従来型の行革による地方公務員数削減は困難になっているのです。

図5－③は、図5－②と同じく2018年2月、自治体戦略2040構想研究

会に事務局から提供された資料です。ここには人口構造の変化が地方財政にいかにマイナスの影響を与えるかが強調されています。歳入面においては、人口減少下において所得や地価が減少すれば地方税が減収となる可能性が指摘されています。それに対して、歳出面においては、高齢者数の増加に伴う要介護者や生活保護受給者の増加が見込まれること、少子化に対して子育て環境の改善等が必要になること、さらには老朽化した公共施設やインフラの更新投資の増加が見込まれることから、財政需要が増大することが指摘されています。また、これまで徹底して定員削減を行ってきたことから、人件費の大幅な圧縮は見込めないことも指摘しています。

研究会第二次報告では、自治体経営資源の制約・若年者の減少が労働力の不足につながり、そのため公共部門の維持できるサービス、公共施設の減少につながるという危機に今から対応するため、4つの対策が提案されています。第一に、「スマート自治体への転換」が求められるといいます。「スマート自治体」とは、現在の半分の職員でも担うべき機能が発揮される自治体を意味します。そのため、破壊的技術（AI、ロボティックス、ブロックチェーンなど）を活用した自動化・省力化を進めるとともに、自治体行政の標準化を図ります。標準化された自治体業務は複数の自治体において共通化することが可能となります。そこで、AI、ロボティックスの運用など破壊的技術を使いこなすために専門的な能力をもつ人材（プロジェクトマネージャー）を確保し、複数の自治体業務を担当することが想定されています。特に専門的能力をもつ人材を確保しなければならない分野については、一つの自治体の職員に留まらないことが想定されており、都道府県・市町村の枠を超えた柔軟な人事運用を行うとされています。

具体的には、行政内部（バックオフィス）において従来職員が担ってきた業務をAI、ロボティックスによる自動処理などに切り替え、標

図5—④　スマート自治体への転換イメージ

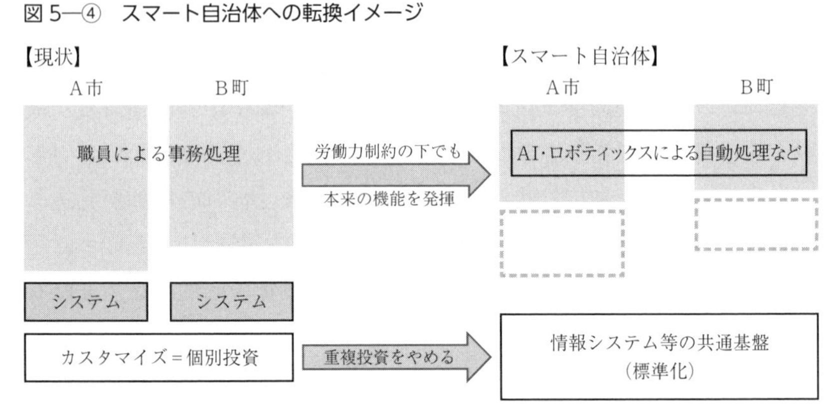

出所：経済財政諮問会議への総務省提出資料（2018年11月20日）

準化された共通基盤を用いた効率的なサービス提供体制を構築します。特にクラウドサービスによって自治体情報システム（国保、戸籍、公会計等）を共通化することが求められるとしています。さらに、情報システムや行政サービス等の申請書式等が自治体によってバラバラでは重複投資となり、コストがかかるとともに複数自治体の業務の一体的管理ができませんので、情報システムや申請書式等の共通基盤化を確実にするため新たな法律による義務付けを検討するというものです。そうすることで情報システムの確実な共通化によって低廉化が図れるというのです（図5-④参照)。なお、行政と利用者とのインターフェイス（行政手続き）については、住民・企業の利便性の観点から一元化を優先させ、電子化と標準化を進める必要があるとしています。つまり、個々の自治体の独自性を確保することよりも行政手続きの一元化を優先するということです。

第二に、「公共私による暮らしの維持」という枠組みが示されます。自治体の経営資源の制約から、新しい公共私の協力関係の構築が求められるというのです。新たな「公」は、スマート自治体です。具体的には自治体は「サービス・プロバイダー」としての機能だけでなく、「プラットフォーム・ビルダー」への転換が求められるとされています。ここでいう「プラットフォーム・ビルダー」とは、新しい公共私相互間の協力関係を構築する役割であるとされています。新たな「私」の姿としてはシェアリングエコノミー等が想定されます。シェアリングエコノミーとは、内閣府シェアリングエコノミー促進室によると、「個人等が保有する活用可能な資産等（スキルや時間等の無形のものを含む）をインターネット上のマッチングプラットフォームを介して、他の個人等も利用可能とする経済活性化活動」をいうものです（内閣府シェアリングエコノミー促進室ウェブサイト参照）。シェアリングエコノミー促進室においては、シェアリングエコノミー活用事例として、観光振興（体験型観光など）、地域の足の確保（相乗りなど）、子育て支援（子育て、家事のシェアサービスなど）などがあげられています。新たな「共」としては、地方部における地域運営組織の法人化等による基盤強化が必要とされていますが、大都市部ではそのような組織自体が存在しません。そこで大都市部では地域を基盤とした新たな法人が必要だとしています。さらに、地域のくらしを支える担い手が不足する状況の下では外国人がサービス提供の担い手になることも考えられるとして、外国人労働力の活用を視野に入れています。

第三に、「圏域マネジメントと二層制の柔軟化」が提起されています。一つは圏域単位の行政のスタンダード化を目指すということです。

その背景として、まず、個々の市町村が行政のフルセット主義と他の市町村との勝者なき競争から脱却し、圏域内の都市機能等を守らなければならないという認識が示されています。次に、現状の連携は施設の広域受入、相互利用などの比較的連携しやすい分野に集中しており、十分でないことが指摘されます。都市機能（公共施設、医療福祉、商業等）の分担など、圏域単位での対応を避けて解決できない深刻な行政課題への取組みを進める仕組みをつくらなければならないとし、圏域内の市町村間の利害調整を可能とする圏域ガバナンスを高めていく必要があるとしています。

連携協約、連携中枢都市圏等の圏域単位の行政を重視し、圏域単位での政策遂行を実現するため、個々の制度に圏域をビルトインし、連携を促すルールづくりや財政支援を行うことなど、広域調整のボトルネックを飛び越える手立てが不可欠としています。圏域単位の制度としては、圏域による立地適正化計画の策定、および二次医療圏を県単位から圏域単位へ移行させることが提起されています。

以上のことから、圏域を、自治体と府省の施策（アプリケーション）の機能が最大限発揮できるプラットフォームにする必要があるとし、そのためには「圏域単位で行政を進めることについて真正面から認める法律上の枠組みを設け、圏域の実体性を確立し、顕在化させ、中心都市のマネジメント力を高め、合意形成を容易にしていく方策が必要ではないか」という問題提起を行っています。この問題提起が第32次地方制度調査会の諮問へとつながっていったのです。さらに、「圏域全体の経済をけん引するハブを形成するためには、企業家が社会貢献にとどまらず経済合理性に基づき取組みに参画できるようにする必要がある」として、圏域ガバナンスに企業を参画させることを提起しています。

もう一つは都道府県による市町村補完のあり方に関わるものです。5万人以上の中心都市による圏域行政の条件のない小規模市町村に対して、都道府県・市町村の機能を結集した共通の行政基盤を構築するというものです。特に、小規模市町村では専門職員の不足がインフラ維持管理等の足かせになるとし、都道府県や市町村の組織を越えて、希少化する人材を柔軟に活用する仕組みを構築する必要があるとしています。このことを二層制の柔軟化と呼んでいます。さらに、圏域を超えた広域分散型の自治体間連携についても言及しています。

第四に、「東京圏のプラットフォーム」として東京圏問題を特に取り上げています。東京圏をはじめ三大都市圏の急速な高齢化が我が国全体の危機となるとし、早急に近隣自治体との連携や「スマート自治体」への転換をはじめとする対応を講じなければ危機が顕在化するとしています。東京圏においては、圏域全体で取り組むべき行政課題として、以下の3つがあげられています。①圏域全体の医療・介護サービスの供給体制、②首都直下型地震における広域避難体制、③ 23 区以外における職住近接の拠点都市の構築。これらの行政課題に関し、9都県市をはじめ国を含め圏域全体でマネジメントを支えるプラットフォームが必要であるとしています。

「自治体戦略 2040 構想研究会」第二次報告は、総務省がめざす新たな地方統治機構改革の一環として、その青写真を描いたものと考えられます。圏域行政を法制化することによって、5万人未満の市を含む小規模自治体の自治権を縮小し、圏域行政を政府の施策の受け皿にしていくことによって都道府県の役割も大きく変わることになります。その行きつく先は道州制が想定されると考えるのが自然です。その意味では、道州制導入への新たな布石であるともいえます。

自治体戦略 2040 構想研究会の報告の背景となる考え方を理解するために、総務省の山﨑重孝氏の論稿が参考になります。山﨑（2017）によれば、ICT の発達のもとではサービス供給体制の効率化のために市町村合併は必須ではないといいます。サービス供給の標準化、アウトソーシング化、ネットワーク化により、それぞれの地域でサービス供給体制を一元化することが重要であり、そのためには個々の自治体の壁も二層制も乗り越えた新しい地方統治機構が必要だというのです。

こうした考え方を「行財政合理化至上主義」と呼ぶことにします。「行財政合理化至上主義」は、効率的なサービス供給体制づくりを至上命題とし、市町村自治、都道府県自治よりも優先する考え方といえます。このような考え方は、法制化によって圏域行政を強制することにつながります。このような集権的な統治機構改革は、きわめて深刻な地方自治の危機をもたらします。

安倍政権における、東京圏を頂点とする拠点都市化による成長戦略と行財政合理化の2兎を追う戦略の従属変数としての地方サービス供給体制の効率化・一元化が位置付けられています。

この新たな地方統治機構改革は、2002年の「西尾私案」のニューバージョンと言うことができます。当時、小泉政権時に推進されていた「平成の合併」に対して、合併を選択せず、自律（自立）の道を選択する小規模自治体が少なからず存在したのに対して、当時の地方制度調査会において、西尾勝氏による私案が提案されました。それが「西尾私案」です。「西尾私案」は、一定の人口規模を設定したうえで小規模自治体の解消を図り、それでも残った小規模自治体に対しては近隣中心都市の内部団体化することや事務権限を剥奪すること（窓口業務等に限定）を内容とするものであり、全国町村会などから大反対を受けました。そこで「西尾私案」の具体化はいったん白紙になったのです。自治体戦略2040構想研究会報告は、「西尾私案」の再現と言えるのは、両者が共に中心都市が圏域マネジメントを担い、小規模市町村を含む圏域自治体の情報システム運用や政策立案を行うということです。ただし、「西尾私案」との違いもあります。ニューバージョンの改革は、「西尾私案」のように法律による強制によって小規模自治体の事務権限を直接的に縮小させるのではなく、圏域行政の枠組みを法制化し、ICTやAIなどを活用してサービス供給の標準化、アウトソーシング化、ネットワーク化を行うことによって、「西尾私案」が目指した目的を達成しようというものです。

その一方、新たな市町村合併推進も視野に入れていると考えられます。その現れが、2017 年 5 月、自民党「財政再建に関する特命委員会報告」です。そこでは、「既存の取組で市町村合併が進まなかった地域に関して更なる合併を推進する枠組みについても検討する」ことが盛り込まれ、町村会から批判の声が上がっています。また、2018 年 6 月、「骨太方針 2018」においては、「現行の合併特例法が平成 31 年度末に期限を迎えることへの対応」の検討が盛り込まれ、2020 年 3 月、合併特例法の期限を 10 年延長する改正法が成立しています。

また、自治体戦略 2040 構想研究会報告の提起した新たな手法であるバックキャスティングにも注目する必要があります。自治体戦略 2040 構想研究会第一次報告は 2040 年の地獄図を提示し、危機感を演出しました。さらに、第二次報告では、危機に対して、ICT や AI などを活用し「スマート自治体」を実現するチャンスだとし、ポジティブな方向性を打ち出し、そのなかに先に検討したようないくつかの重大な「毒アメ」を盛り込みました。これも一種のショックドクトリンとしての性格があると言えます。

ショックドクトリン的手法は増田レポートの「消滅可能性自治体」の一覧の公表から始まりました。それをテコに地方創生政策によるマイナスサム下での自治体間競争の組織化が行われました。しかし、マイナスサム下での自治体間の人口獲得競争では大多数の自治体が「負け組」になります。それを見込んだうえで地方に「頑張れ」、「頑張る自治体しか支援しない」という掛け声をかけてきたのです。「負け組」となった地域では「あきらめ」の気分がおこります。そこで、連携中枢都市圏、コンパクトシティ、小さな拠点による地域再編、行財政再編が用意されます。さらに、自治体戦略 2040 構想研究会報告が 2040 年の地獄図を描き、「あきらめ」とともに、さらなる危機への認識を広げます。2040 年の地獄図からのバックキャスティングにもとづく地方創生の「調整戦略」のさらなる展開が進められ、地方サービス供給体制の効率化・一元化の単位としての圏域行政の法制化をねらうというのです。

東京圏対策も東京圏への人口集中を前提に構想されます。新たな東京圏における圏域行政には国も関与することが想定されています。こうしてみると、現在の第32次地方制度調査会の動向は、東京圏など三大都市圏から地方圏まで日本の地方自治を大きく変える重大な局面にかかわっていることがわかります。地方自治の拡充ではなく、その反対に地方圏では地方中枢都市や中心都市以外の市町村の自治が大幅に縮小させられるとともに、東京圏など三大都市圏においても圏域マネジメントによって都府県・政令市以外の市町村自治は大幅に制約されることになるおそれがあります。

4　自治体戦略2040構想研究会報告への批判

以上のように自治体戦略2040構想研究会報告は、①「スマート自治体への転換」、②「公共私による暮らしの維持」、③「圏域マネジメントと2層制の柔軟化」、④「東京圏のプラットフォーム」という4つの柱を打ち出しています。

これらの構想の紹介およびそれに対する批判は、すでにいくつかの論説等で行われています。片山善博氏は、「『国目線』であり、中央集権的体質が滲み出ている」「地域における今後の行政のあり方は地域自身が真剣に考え、自らの責任で決めればいい」とし、中央集権的改革姿勢への厳しい批判を行っています（片山、2018）。

今井照氏は「地域が多様であり、それを反映した自治体が多様であることが問題なのではない。多様であるところに『自治体行政の標準化・共通化』を押し付けるから問題が発生する」（今井、2018年9月）とし、カスタマイズにこそ自治体の独自性があることを強調しています（今井、2018年10月）。

金井利之氏は、研究会報告が提起する圏域マネジメントと二層制の柔軟化を府県・市町村の消滅をもたらすものだとするとともに、国・都道府県・市町村の三層制から国と圏域・(圏域外を担当する）府県の２層制への転換をねらうものだとして、以下のように痛烈に批判しています。「(圏域外を担当する）府県と圏域が新たな時代の普通地方行政官庁として、国の政策・事業官庁の施策の実施を担うのである。こうした方向性は、世紀転換期に目指された分権型社会とはほど遠い」「もちろん、国の府省庁の政策が間違いだったとき、効率的に列島は沈没する。(中略）国が開発するアプリケーションに未来をかけるIR（カジノ）列島なのである」(金井、2018)。この研究会報告のねらいに対する金井氏の指摘はきわめて鋭いものです。

また、日本弁護士連合会は意見書を発表し、地方自治の観点から批判しています。第一に、「圏域」を法制化し、「行政スタンダード化」を進めていくことは団体自治の観点から問題があるとしています。第二に、住民による直接選挙で選ばれた首長及び議員からなる議会もない「圏域」に対し、国が直接財源措置を行うことは住民の意思を尊重する住民自治の観点からも問題があるとしています（日本弁護士連合会、2018)。

以上の批判にみるように、研究会報告の提示する改革が実現すれば、地方自治の拡充ではなく、むしろ圏域マネジメントによって市町村自治は大幅に制約されることになります。さらには圏域行政を担う地方中枢都市や中心都市や圏域外を担当する府県においても、行政の標準化、アウトソーシング化、ネットワーク化を前提とし、国の各府省の政策（アプリケーション）を実行する行政機関として位置づけられ、中央集権的な行政の「受け皿」としての性格を強めることになりかねません。

こうした学者や日弁連などの批判にもかかわらず、総務省の研究会

図 5―⑤　事務・施策の特徴と連携のイメージ（案）

○都市間バス路線の維持、大規模な公共施設の再編、災害時の対応等のように、市町村の区域をまたぎ、広域的な視点で対応する必要がある事務・施策は、圏域で一体的に検討し、実施することが効果的・効率的ではないか。
○多くの市町村では、長期的な見通しを立てるための体制が不足している可能性があるため、地域的な課題であっても、顕在化しつつある長期的な課題への対応には、圏域の持続可能性を高める観点から、一定の体制を有する中心市が近隣市町村に係る調査（事実確認）を合わせて行うことが適当ではないか。
○さらに、地域的な課題への対応を含め、行政サービスの実施体制を確保するために、広域的・長期的な観点で人材（特に専門性やノウハウを有する人材）を育成する取組は、圏域で一体的に検討し、実施することが効率的・効果的ではないか。
○圏域単位での共同調査や人材育成の取組においては、中心市に圏域全体をけん引する役割が求められるのではないか。

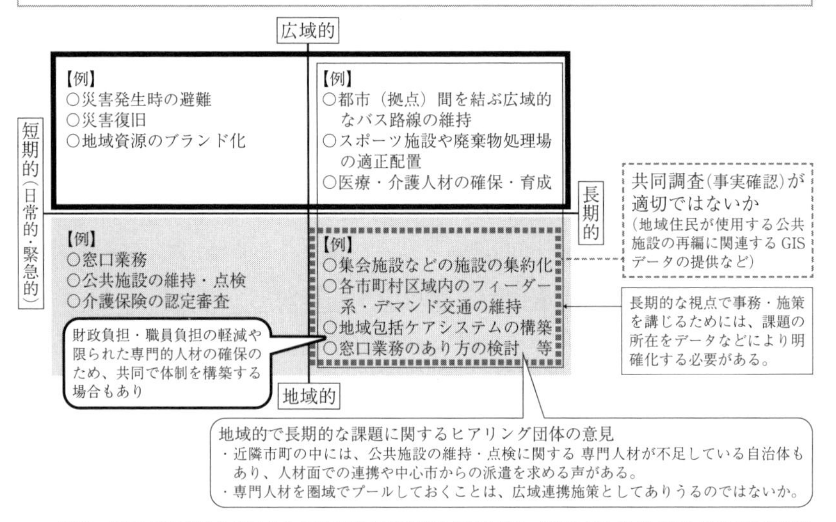

出所：「第9回基礎自治体による行政基盤の構築に関する研究会（2019年3月27日）」事務局提出資料

である「基礎自治体による行政基盤の構築に関する研究会」では、圏域行政を制度化する検討を進め、圏域基本構想にもとづく取組みへの財政措置についても議論しています。

圏域行政が法制化されれば、交付税などの財政措置が位置付けられることになり、財政誘導が強まる可能性が強まります。

同研究会では「事務・施策の特徴と連携のイメージ（案）」として以下の点を整理しました。「①都市間バス路線の維持、大規模な公共施設の再編、災害時の対応等のように、市町村の区域をまたぎ、広域的な視点で対応する必要がある事務・施策は、圏域で一体的に検討し、実施することが効率的・効果的ではないか。②地域的課題であっても、顕在化しつつある長期的な課題への対応には、圏域の持続可能性を高める観点から、一定の体制を有する中心市が近隣市町村に係る調査（事実認）を合わせて行うことが適当ではないか。③広域的・長期的な観点で人材（特に専門性やノウハウを有する人材）を育成する取組は、圏域で一体的に検討し、実施することが効率的・効果的ではないか。④圏域単位での共同調査や人材育成の取組においては、中心市に圏域全体をけん引する役割が求められるのではないか」（第9回基礎自治体による行政基盤の構築に関する研究会・事務局提出資料、2019年3月）（図5－⑤参照）

こうした見解が意味することは、中心市以外の市町村は長期的課題以外の地域に係る事務・施策にのみ独自性を保持すればよいということでしょう。

現在までのところ「基礎自治体による行政基盤の構築に関する研究会」は報告を出していません。圏域行政に関する具体的な制度の提案は2020年夏に予定されている第32次地方制度調査会の答申にゆだねられるのでしょう。

6. 緊縮政策下での集権的地方財政改革を問う

先にみたように、安倍政権下における一連の地方財政改革は「集権的地方財政改革」と呼ぶことができます。その内容を、①競争主義改革、②自治体空洞化改革、③圏域行政化改革の３つの柱で整理しました。

これらの改革は一見すると自治体の自主性を尊重しているようにみえますが、総務省は法的枠組みを使ったり、財政誘導を使ったりしながら推進しており、多くの自治体が、積極的か消極的かを問わず、国の施策に乗らざるをえない状況がみられます。本章では、集権的地方財政改革の主な政策と実態を検討します。

1　ふるさと納税制度を問う

ふるさと納税は、ごく簡単に言えば、納税者が自分の選んだ自治体に寄付を行う際に、寄付額のうち2000円を超える額につき所得税および住民税から控除される制度です。そのため、ふるさと納税による寄付を獲得するための返礼品競争が繰り広げられており、競争主義的地方財政改革の典型的な制度となっています。

ふるさと納税制度は2008年度地方税改正によって創設されましたが、2015年度税制改正により、住民税所得割の特別控除の上限が１割から２割に引き上げられるとともに、確定申告なしに控除が受けられる「ふるさと納税ワンストップ特例制度」が導入されました。ふるさと納税の拡大を図った際に、高額納税者による濫用や返礼品競争の過熱などが予想されていたにも関わらず、対策を講じることなく見切り発車しました（平嶋2019、参照）。そのため、ふるさと納税受入額は2014年度389億円から2015年度1653億円、2016年度2844億円、2017年

図６－①　ふるさと納税の受入額の推移

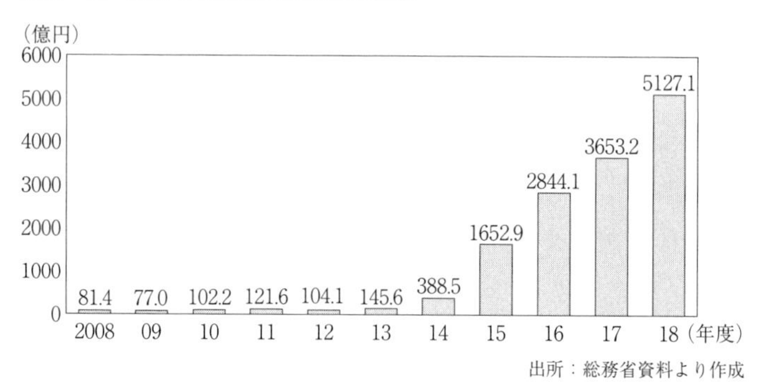

出所：総務省資料より作成

度3653億円、2018年度5127億円へと急増しました（図６－①参照）。

2019年５月、総務省はふるさと納税の新制度の指定団体を公表しました。新制度とは、これまで全ての自治体に認めてきたふるさと納税制度を、総務省が指定した自治体にのみ適用するというものです。そのうえで、次の指定基準が設定されました。①返礼品は地場産品とする（製造・加工等による域内付加価値）、②返礼品の調達額は寄付額の３割以下、③返礼品を強調した宣伝広告はしない、④総経費は寄付額の５割以下。これまで総務省は自治体に対する通知（技術的助言）によって返礼品に対する改善を求めてきましたが、今回の法改正によって強制的に規制することになったのです。

新制度へは東京都を除く全道府県、市区町村が利用申請しましたが、大阪府泉佐野市など４自治体が指定されませんでした。総務省はこの間、返礼品を地場産品とする基準や返礼品は寄付額の３割以下の基準を守るように全国の自治体に要請してきましたが、2018年11月以降、基準を満たさない寄付金集めを続ける寄付額50億円以上の自治体を除外したのです。また、それ以外の基準を満たさない43自治体については、2019年６月から９月までの期間の指定にとどめ、７月中に改めて申出を行うことができるとしています。その他の1740自治体には2019

年6月から2020年9月までの1年4ヵ月の期間の指定となりました。

今回除外された4自治体は返礼品に泉佐野市などがアマゾンギフト券を使い、和歌山県高野町が旅行券を使っており、それに対し総務省は制度の存続を危うくするものとして厳しい措置を取ったのです。寄付額2年連続トップの泉佐野市は新制度に対し、総務省に決定権限のある指定制度そのものや返礼品規制強化が地方分権の趣旨に反すると批判しました。実際、ふるさと納税そのものの本質的問題を別とすれば、総務省の強権的な規制は行き過ぎであり、地場産品規制なども問題があります。

泉佐野市はふるさと納税制度から泉佐野市を除外したことは「法の不遡及」の原則を逸脱しており、違法であるとし、国を相手取って行政訴訟を行いました。大阪高裁では市が敗訴したものの2020年4月、最高裁では弁論が開かれることが明らかとなり、高裁判決が見直されることが予想されています。

泉佐野市などの制度乱用はふるさと納税制度そのものの本質的な問題を露呈させました。それにも関わらず、政府は制度の抜本的な見直しを行わず、メディアの多くも問題に対する本質的な批判を行いませんでした。

ふるさと納税は納税者が自分の選んだ自治体に寄付を行う際に、寄付額のうち2000円を超える額につき所得税および住民税から控除される制度です。ふるさと納税により税収を失う自治体は、税収減の75%については地方交付税（不交付団体を除く）で補填されます。その分国家財政への影響が生じます。ふるさと納税制度は2008年度地方税改正によって創設されましたが、2015年度税制改正により、住民税所得割の特別控除の上限が1割から2割に引き上げられるとともに、確定申告なしに控除が受けられる「ふるさと納税ワンストップ特例制度」が導入されました。ポータルサイトの充実や認知度アップもあり、ふるさと納税（寄付）受入額は2014年度389億円から2017年度3653億円と3年間で10倍に急増しました（2018年度の寄付額5127億円）。

ふるさと納税制度は世界的に例のない特異な制度であり、5つの重大な問題点があり、その問題点は制度そのものを廃止しなければ解消されません。それは、納税者からすれば限度以内の寄付であれば2000円の負担を除けば全額税の控除が受けられるという「寄付」と言えない制度であるのに、ふるさと納税を集める自治体からすれば寄付収入となるという、きわめて特異な性格に起因します。第一に、住民税は居住自治体のサービスに対して税負担するという応益課税の原則に則ったものです。非居住地自治体への「納税」は税の原則に反しています。第二に、自治体の徴税権の侵害です。税は納税者の自由意思によって「納税自治体」を「選択」できるというのは自治体の徴税権を侵害し、住民間の不公平をもたらします。税収を奪われる都市自治体は財源の減少によって行政サービスにも影響してきます。第三に、高額納税者への優遇税制（2000円の負担で高額な返礼品）による不公平です。高額納税者ほど、限度額が高く、2000円の負担だけで「濡れ手に粟」の返礼品を獲得できるのです。第四に、過度な返礼品競争による歪み、自治体間格差拡大です。第五に、高額な返礼品や経費により寄付税制としての効率性が確保されないことです。総務省によれば2017年度の実績では寄付額の55.5％が返礼品や事務経費等に費やされています。国・地方をつうじた全体としてみれば、貴重な税収の5割以上が返礼品、送料、ポータルサイト委託費、広告費、事務委託費等に消えているのです。

今次の制度見直しはふるさと納税制度の本質的な問題を無視し、指定制度によって集権的なコントロールを強め、制度の本質的欠陥から国民の目をそらすものです。このように税の原則に全く反し、様々な歪みや不公平をもたらしたふるさと納税制度は廃止し、所得控除による寄付税制に戻すべきです。

2　地方創生関係交付金

地方創生政策は、一連の財政手段を講じていますが、それらは積極戦略と調整戦略という2つの戦略の目的のための手段として位置づけられています。それらのうち主な財政手段は以下のとおりです。①地方創生関連の新型交付金の創設、②地方交付税における「まち・ひと・しごと創生事業費」の創設、③公共施設等の集約・複合化のための財政措置（地方債）、④連携中枢都市圏、コンパクトシティ、「小さな拠点」等のための財政措置（普通交付税、特別交付税、地方債）、⑤ふるさと納税制度の拡充、企業版ふるさと納税制度の創設。

このうち地方創生関連の交付金には以下のものがあります。①地方創生先行型交付金1700億円（2014年度補正予算による。うち基礎交付1400億円、上乗せ交付300億円）、②地方創生加速化交付金約1000億円（2015年度補正予算による）、③地方創生推進交付金1000億円（2016年度当初予算から導入。4年間の継続。公費ベース2000億円）、④地方創生拠点整備交付金900億円（2016年度補正予算による。補助率2分の1、事業費ベース1800億円。地方負担分については補正予算債100％充当）。

また、2017年度補正予算において生産性革命に資する地方創生拠点整備交付金600億円が計上されています。さらに、2019年度には、地方大学・地域産業創生事業が創設されました（100億円。うち地方大学・地域産業創生交付金20億円、地方創生推進交付金活用分50億円）。

地方創生関係の各種交付金の問題点として、国主導のコントロール下におかれ、硬直的で制約が大きいことや事務量の負担が大きいこと、また、推進交付金における自主財源確保の問題などが指摘されてきました（坂本2018、参照）。地方創生関係の交付金の主なねらいは、自治体間の「生き残り競争」の組織化にあります。また、もう一つのねら

図６－②　都道府県別市区町村当たり地方創生関係交付金と過疎市町村人口比率

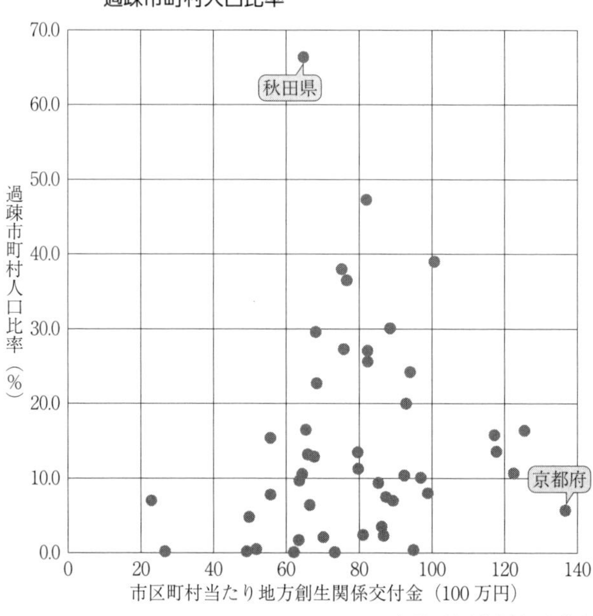

出所：総務省資料より作成

いは広域連携への傾斜配分をつうじて圏域行政の基盤づくりを促進することです。その意味で、地方創生関係の交付金は集権的地方財政改革のうち、競争主義的改革としての性格とともに、圏域行政促進改革としての性格があります。

図６－②は都道府県別市区町村当たり地方創生関係の交付金の交付額（2014年度補正予算による地方創生先行型交付金、2015年度補正予算による地方創生加速化交付金、2016年度予算の地方創生推進交付金、2016年度補正予算による地方創生拠点整備交付金の合計）と過疎市町村人口比率を分散図に示したものです。これを見ると、地方創生関係の交付金は必ずしも条件不利な過疎地域が多い都道府県に多く配分されていません。ここに競争主義的改革としての地方創生交付金の性格が表れています。

地方創生交付金をどう活用すればよいのでしょうか。財源不足に悩む自治体にとっては、地方創生交付金は貴重な財源です。特に補正予算で導入された交付金は10分の10補助であり、うまく活用したいと考えるのは自然でしょう。ただし、それには、まず国の誘導に左右されず、地域の独自性・総合性にもとづく計画を貫くことが大事です。また、交付金は一過性のものであることを認識し、地方創生関係の交付金による新規事業については、交付金が切れた後にも一般財源に依拠して持続可能なものとすることが求められます。

地方創生政策における調整戦略は、まちづくり・公共施設再編をつうじた行財政合理化を重視しています。第一にコンパクトシティ、公共交通網の再編、公共施設再編といった地域再編をともなう政策の性急な推進はコミュニティ解体や「農村たたみ」につながるおそれがあります。第二に、新たな圏域づくりをつうじた合理化策としての連携中枢都市圏や定住自立圏の推進は拠点への選択と集中、周辺部の衰退につながるおそれがあります。これらの自治体間連携は中心都市の主導性が強まる性格をもっており、対等平等な関係性にもとづく連携になるかは疑問です。第三に東京圏を中心とした大都市圏の医療・介護問題への対応が重視され、広域連携を視野に入れた医療・介護計画、空き家活用、公的賃貸住宅団地の再生・福祉拠点化などが打ち出されていますが、実効性は不明と言ってよいでしょう。地方創生関係交付金は、このように圏域行政などを誘導する性格をもっており、その誘導の方向性が各自治体の内発的な計画を歪めることにならないよう、自主性を貫くことが求められます。

地方創生政策は、2019年度で第一期を終了し、2020年度から第二期がスタートしています。第一期の評価に関しては、最も基本的な目標である東京圏への人の流れを変えることや合計特殊出生率において厳しい状況であることは先にみたとおりです。地方創生関係交付金の中心をなす地方創生推進交付金の評価については、内閣府の調査報告書によると、事業テーマ別でみて目標値に達したKPIの割合は約5割であり、そのうち、「小さな拠点」やローカルイノベーションは比較的達成率が高く、観光や移住・人材などは達成率が低くなっています（内閣府「地方創生推進交付金事業の効果検証に関する報告書」2019年2月、参照）。自治体によってはKPIの設定において高い目標を設定した自治体もあれば、達成可能な範囲の目標値を設定した自治体があるため、これをもって一概に評価できるわけではありません。地方創生関係交付金の効果については、自治体ごとに長期的な視点で評価されなければなりません。

過疎地域などの自治体にとっては、地方創生関係交付金は主にソフト事業の財源となるものですが、他にも過疎債のソフト事業や特別交付税が重要な財源となっています。実際のソフト事業はこれらの財源を工夫して用いることが肝心なのです。そのなかで、地方創生関係交付金は特定の方向への誘導の側面に注意しながら活用を図っているのかどうかが、より長期的にみた評価に大きくかかわることになるでしょう。

3　地方交付税におけるトップランナー方式

これまで政府は地方行革を推進し、地方公務員の定員を抑制することをつうじて地方経費の抑制を図ってきました。しかし、それだけでは限界があるので、次の2つの手法をとることで経費抑制を図ることにしました。第一に、公共施設の集約化・複合化の推進です。特に小中学校や公民館などを統廃合すれば、その分、必要経費を削減できます。第二に、民間委託を中心とした自治体の業務改革の推進です。そのため政府は2016年度から地方交付税の算定において、民間委託等を行っている自治体の平均経費を基準として経費の算定を行うという改革を進めました。これがトップランナー方式と言われるものです。2016年度から学校用務員事務、道路維持補修・清掃、体育館等の管理、庶務業務、情報システムの運用など16業務について基準財政需要額の算定への反映が開始され、概ね3〜5年程度をかけて段階的に反映されます。また、残りの7業務についても導入を検討するとされ、2017年度から新たに青少年教育施設管理と公立大学運営の2業務が対象に加えられました（表6-①参照）。

地方交付税法には各行政項目の単位費用も規定されており、毎年度単位費用も変更されます。つまり、トップランナー方式は毎年度変更される単位費用の抑制に関連しているのです。

トップランナー方式による2018年度の基準財政需要額の減少は470億円であり、2016年度〜2018年度の累計減少額は1380億円になります。ただし、地方財政計画における地方一般財源総額や交付税総額には影響しない枠組みとなっています。2018年度においては、トップランナー方式による基準財政需要額への影響（減額分）は地方財政計画の減額に充てられず、地域課題等に対応するために地方単独事業の経費増に充当されています。財務省はこれを批判し、トップランナー方式による単価の減額分を地方財政計画における地方一般財源総額や交付税総額に反映させることを主張しています。

また、本庁清掃・警備等5業務、体育館管理等3業務および庶務業務の9業務では人口3万人以下の市町村について段階補正の見直しによって経費水準は据え置きとなり、トップランナー方式による影響はありません。人口3万人から10万人の市町村については、段階補正見直しによって、トップランナー方式による基準財政需要額の減少を人口が小さくなるほど少なくなるよう調整されています。その他の7業務は段階補正見直しを行わないため、小規模自治体でもトップランナー方式による影響が出ます。

表６－①　トップランナー方式を反映した基準財政需要額の見直し内容について

【市町村分】

対象業務		基準財政需要額の算定項目	見直し年数	開始前年（2015年度）	2016年度
2016導入分	◇学校用務員事務（小学校、中学校、高等学校）	小学校費（1校当たり）	5	3,707	3,551
		中学校費（1校当たり）		3,707	3,551
		高等学校費（1校当たり）		7,353	7,113
	◇道路維持補修一清掃等	道路橋りょう費	3	153,607	148,781
	◇本庁舎清掃 ◇本庁舎夜間警備 ◇案内・受付 ◇電話交換 ◇公用車運転	包括算定経費	3	55,483	51,775
	◇一般ごみ収集	清掃費	見直し済み	192,962	据え置き
	◇学校給食（調理） ◇学校給食（運搬）	小学校費	見直し済み	20,255	据え置き
		中学校費	見直し済み	12,782	据え置き
	◇体育館管理 ◇競技場管理 ◇プール管理	その他の教育費	3	31,370	30,727
	◇公園管理	公園費	見直し済み	51,569	据え置き
	◇庶務業務（人事、給与、旅費、福利厚生等）	包括算定経費	5	庶務業務として特定せず包括的に算定	2,280の減
	◇情報システムの運用（住民情報関連システム、税務関連システム、福祉関連システム等）	戸籍住民基本台帳費	3	17,586	16,146
		徴税費		32,030	29,407
		包括算定経費		36,204	33,239
2017導入分	◇公立大学運営	その他の教育費　理科系学部（1人当たり）	5		1,694
		その他の教育費　保健系学部（1人当たり）			1,938

注：表中、括弧でくくってある数値は見直し完了年度の経費と見直し年数から割り出した数値

また、基準財政収入額も見直されました。地方税の実効的な徴収対策を行う自治体の徴収率を標準的な徴収率として基準財政収入額の算定に反映させることになります。具体的には上位３分の１の自治体が達成している徴収率を標準的な徴収率として算定されます。対象税目は

見直し内容							基準財政需要額の算定基礎とする業務改革の内容
経費水準の見直し（単位：千円）					経費区分の見直し（給与費→委託料等）	段階補正の見直し	
2017年度	2018年度	2019年度	2020年度	2021年度			
3,395	3,239	(3,083)	2,927	—	○		民間委託等
3,395	3,239	(3,083)	2,927	—	○		
6,873	6,633	(6,392)	6,152	—	○		
142,264	139,129	—	—	—			
48,097	44,359	—	—	—	○	○	
据え置き	据え置き	据え置き	据え置き	—	○		
据え置き	据え置き	据え置き	据え置き	—	○		
据え置き	据え置き	据え置き	据え置き	—	○		
30,084	29,441	—	—	—	○	○	指定管理者制度導入、民間委託等
据え置き	据え置き	据え置き	据え置き	—	○		
4,560の減	6,840の減	(9,118の減)	11,398の減	—	○	○	庶務業務の集約化
14,705	13,265	—	—	—	○		情報システムのクラウド化
26,783	24,160	—	—	—			
(30,274)	27,309	—	—	—			
(1,647)	1,600	(1,553)	(1,506)	1,460	○		地方独立行政法人化
(1,884)	1,830	(1,776)	(1,722)	1,668			

出所：総務省資料より作成

個人住民税均等割・所得割、固定資産税などです。この見直しは2016年度から実施され、5年間で段階的に反映されています。主な税をみると、個人住民税所得割は現行98.0%が2016年度98.1%、2020年度98.6%と引き上げられ、固定資産税（土地）も現行98.0%が2016年度 98.1%、2020 年度 98.6% と引き上げられます。

トップランナー方式のねらいは、民間委託等を行っている自治体をトップランナーと位置づけ、民間委託等を行っている自治体の平均値を基準に経費を見積もることによって、民間委託等を促進することにあります。民間委託等が進んでいない自治体にとっては民間委託等を進める圧力になります。また、すでに民間委託等の推進を図っている自治体にとっては民間委託等の推進にいっそう拍車がかかることになります。また、トップランナー方式によって民間委託等の業務改革が推進され、自治体の行政経費が抑制された分は、財務省の要求がとおった場合、2019 年度以降のマクロの地方財政計画に反映され、地方一般財源総額の削減につながるおそれがあります。

なお、よくある誤解として、「トップランナー方式が導入されれば民間委託を進めざるをえない」という理解がありますが、それは誤りです。トップランナー方式は基準財政需要額の単位費用の変更に過ぎませんので、直営か民間委託かといった事項は自治体が最適な方法を自己決定すればよいのです。

トップランナー方式はきわめて問題があります。このような地方交付税の改変は自治体の標準的行政を保障するという地方交付税法の趣旨に反するものです。たとえば、総務省の調査でも市区町村の学校用務員事務は民間委託実施率 3 割強であり、とても標準とはいえません。体育館やプールの管理も民間委託は 5 割以下です。政府は現実の自治体の経費を基準とするのではなく、民間委託している自治体をトップランナーと位置づけ、民間委託を基準に経費を見積もることによって、自治体が民間委託等を進めるよう煽っているのです。

また、トップランナー方式は 2 つの点で地域にマイナスの影響を及ぼすおそれがあります。第一に、トップランナー方式が地方交付税総額抑制につながれば、地方交付税の一般財源保障機能が弱まり、自治体財政に影響します。仮に民間委託しようとしても、条件不利地域では委託先を確保できないケースもあります。第二に、公共性の確保が求められる業務において民間委託等が進めば、住民の基本的人権保障に支障をきたすおそれがあります。たとえば、学校用務員は教師、事務職員、給食調理員などとともに、子どもたちを見守り育てる学校教育の担い手です。学校用務員を民間委託した場合、人事権は業者にあるので、用務員の人的な継続性が確保されなくなるおそれがあります。

トップランナー方式には地方からも懸念が表明されています。全国知事会副会長の平井鳥取県知事は、トップランナー方式が単位費用減によって「一律の歳出削減」につながるおそれがあり、また、条件不利地域ではコスト高になり、必要な歳出を確保できないと、問題点を指摘しています（経済・財政一体改革推進委員会・制度・地方行財政ワーキンググループ（2016年10月27日）における全国知事会説明資料）。また、図書館協会はトップランナー方式の図書館への適用に反対を表明しています。

現在、焦点となっているのが窓口業務へのトップランナー方式の導入です。総務省は窓口業務の委託に向けた取り組みを強化し、2019年度の導入を視野に検討してきましたが、2019年度導入は見送りになり、引き続き導入を目指しています。

トップランナー方式は自治体「空洞化」を促進する集権的地方財政改革の手段と考えられます。自治体の「空洞化」が進めば、公共性を担う自治体本来の役割を果たすことが難しくなります。政府はトップランナー方式を見直し、標準的経費を財源保障する本来の地方交付税制度に立ち戻るべきです。地方交付税の総額確保のためには地方交付税の法定率の見直しとともに、国・地方をつうじた税制改革を進めることが本筋です。

4　地方交付税における成果配分方式

地方創生政策のなかでトップランナー方式とならぶ地方交付税による政策誘導として成果配分方式がとられました。かつての「頑張る地方応援プログラム」の焼き直しである「地域の元気創造事業費」に加えて「2015年度から人口減少等特別対策事業費」が導入されました。

「人口減少等特別対策事業費」約6000億円のうち2015年度および2016年度については「取組の必要度」による配分と「取組の成果」による配分の割合が5：1とされました。「取組みの必要度」と「取組みの成果」の配分割合は段階的に1：1にシフトさせていくこととされ、2017年度には「取組の必要度」4670億円、「取組の成果」1330億円、2018年度には「取組の必要度」4340億円、「取組の成果」1660億円、2019年度には「取組の必要度」4000億円、「取組の成果」2000億円へ段階的にシフトされました。「取組の成果」へのシフトは、自治体を「勝ち組」と「負け組」に選別するものとなっています。

また、「地域の元気創造事業費」約4000億円については、全体として政策誘導による配分となっています。2015年度および2016年度では「行革努力分」約3000億円、「地域経済活性化分」約900億円、「特別交付税分」約100億円でしたが、徐々に「行革努力分」から「地域経済活性化分」にシフトさせており、2017年度には「行革努力分」2670億円、「地域経済活性化分」1230億円、「特別交付税分」約100億円、2018年度には「行革努力分」2340億円、「地域経済活性化分」1560億円、2019年度には「行革努力分」2000億円、「地域経済活性化分」1900億円、「特別交付税分」約100億円にシフトしています。ここでも、「行革」の誘導から地域経済活性化の「勝ち組」と「負け組」の選別が強まっています。

図6－③は2017年度普通交付税算定における各市町村の「地域の元気創造事業費」に係る補正係数を横軸に、人口規模を縦軸にとった散

図6－③　地域の元気創造事業費における補正係数と人口（2017年度普通交付税算定）

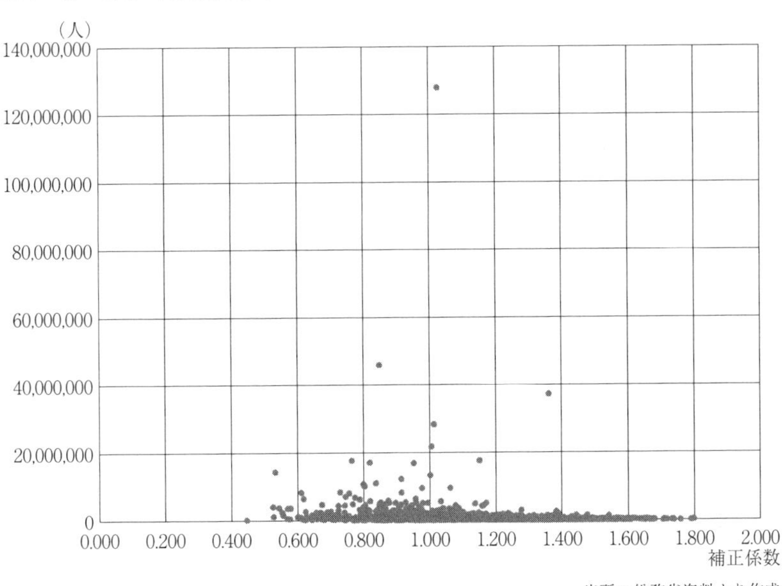

出所：総務省資料より作成

布図です。これをみると、地域の元気創造事業費による需要額増加割合は相当なばらつきがみられることがわかりますが、人口規模には特に相関がみられません。

図6－④は2017年度普通交付税算定における各市町村の「人口減少等特別対策事業費」に係る補正係数を横軸に、人口規模を縦軸にとった散布図ですが、こちらをみても「人口減少等特別対策事業費」による需要額増加割合は相当なばらつきがみられる一方、人口規模には特に相関関係はみられません。「地域元気創造事業費」および「人口減少等特別対策事業費」は人口規模に応じた補正係数にはなっておらず、各自治体のニーズとそのための経費が適切に反映されていないのです。

図6－⑤は2017年度普通交付税算定における各市町村の「人口減少等特別対策事業費」のうち、「取組必要度」に係る補正係数を横軸に、

図６－④　人口減少等特別対策事業費における補正係数と人口
（2017年度普通交付税算定）

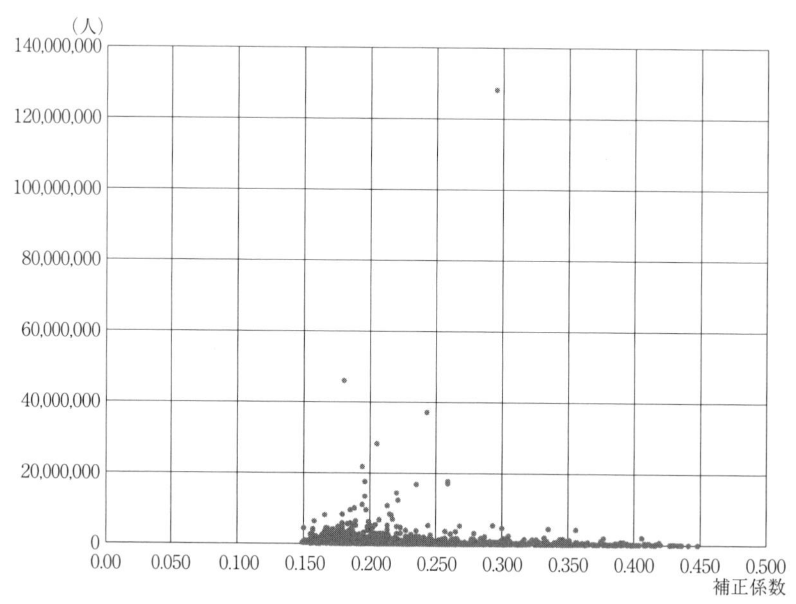

出所：総務省資料より作成

「取組成果」に係る補正係数を縦軸にとった散布図ですが、「取組必要度」に係る補正係数が相対的に高く、「取組成果」に係る補正係数が相体的に低い市町村が相当数存在する一方、その逆のケースも多いことがわかります。このことは、「取組必要度」が高いが、成果が上がりにくい条件不利地域の自治体にとって「取組成果」へのシフトが厳しく影響することを示しています。

地方交付税における成果配分方式は、トップランナー方式と並んで、地方交付税の自治体の標準的経費を財源保障する本来の性格を歪めるものであり、見直すべきです。

図 6 −⑤　人口減少等特別対策事業費の補正係数における「取組必要度」と「取組成果」（2017 年度普通交付税算定）

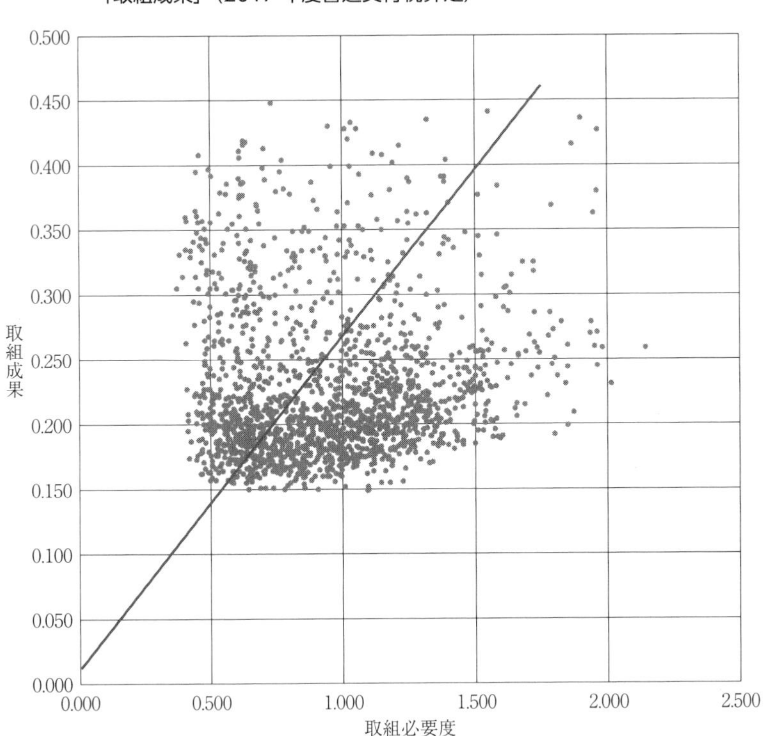

出所：総務省資料より作成

5　公共施設再編の促進

現在、公共施設の老朽化対策が重要課題となっています。内閣府による社会資本ストック推計（2018 年 3 月、内閣府資料）によれば、2015 年度の維持管理・更新費は 9 兆円であるのに対して、2054 年には 16 兆円（1.75 倍）に増加すると見込まれています。

総務省は全ての自治体に対して、公共施設等総合管理計画の策定を要請しました。公共施設等管理計画では、すべての公共施設等を対象に、公共施設等の状況、人口の今後の見通し、財政収支の見込みを把

図 6―⑥　公共施設等の最適配置の推進に資する事業（イメージ）

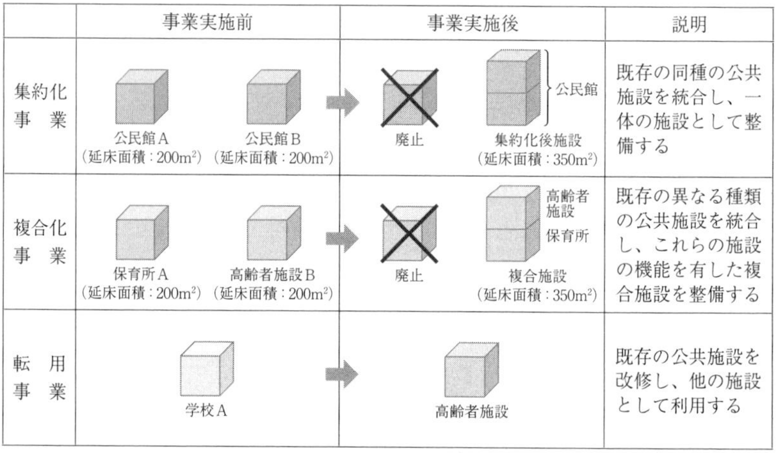

	事業実施前	事業実施後	説明
集約化事業	公民館A（延床面積：200m^2） 公民館B（延床面積：200m^2）	廃止 公民館 集約化後施設（延床面積：350m^2）	既存の同種の公共施設を統合し、一体の施設として整備する
複合化事業	保育所A（延床面積：200m^2） 高齢者施設B（延床面積：200m^2）	廃止 高齢者施設 保育所 複合施設（延床面積：350m^2）	既存の異なる種類の公共施設を統合し、これらの施設の機能を有した複合施設を整備する
転用事業	学校A	高齢者施設	既存の公共施設を改修し、他の施設として利用する

出所：総務省資料

握するとともに、更新・統廃合・長寿命化などの総合的計画的管理が求められました。

さらに、各自治体は、インフラ長寿命化計画及び公共施設等総合管理計画を踏まえて個別施設計画を策定することが求められます（2020年度末までに策定）。個別施設計画では、点検・診断によって得られた個別施設の状態、維持管理・更新等に係る対策（機能転換・用途変更、複合化、集約化、廃止・撤去、耐震化等）の優先順位の考え方、対策の内容や実施時期を定めるものとされています。総務省の推進する公共施設の集約化事業、複合化事業および転用事業のイメージは図6-⑥のとおりです。

2014年度予算から公共施設等の除却に対する地方債の特例措置が導入され、2015年度予算から公共施設等最適化事業費が創設され、公共施設の集約・複合化のための地方債に交付税措置が導入されています。2017年度予算からは公共施設等最適化事業費が拡充され、公共施設等適正管理推進事業費（仮称）が導入されました。また、地方債も公共施設等適正管理推進事業債（仮称）として拡充され、同地方債は以下の5つの事業に適用されることになりました。(a)集約化・複合化事業：充当率90％、交付税算入率50％、(b)転用事業：充当率90％、交付税算入率30％、(c)長寿命化事業（新規）：充当率90％、交付税算入率30％、(d)立地適正化事業（新規）：充当率90％、交付税算入率30％、(e)市町村役場機能緊急保全（新規）：充当率90％、交付税算入率30％。

このうち長寿命化対策への地方債措置は2017年度から2021年度までの期間を設定しています。立地適正化事業への地方債はコンパクトシティを推進するためのものであり、同じく地方債措置は2017年度から2021年度までの期間が設定されています。

さらに、2018年度から長寿命化事業の対象（河川、砂防、海岸保全等）が追加されるとともに、ユニバーサルデザイン化事業が新規で追加されています。また、長寿命化事業、転用事業、立地適正化事業、ユニバーサルデザイン化事業の交付税措置率が拡充（財政力に応じて30〜50％）されました。このように、国は公共施設再編へのインセンティブ強化を図っています。

なお、学校施設の長寿命化改良については、国庫補助3分の1、地方負担分の地方債充当率90％、交付税措置率66.7％（実質地方負担26.7％）となっています。

公共施設の老朽化対策は喫緊の課題であり、国の進める長寿命化計画への対応は重要です。国は数値目標（削減目標）を求めていますが、数値目標を設定する自治体と設定しない自治体に分かれています。数値目標が設定されれば、目標達成のため、個別施設計画や立地適正化計画を性急に策定してしまうおそれがあります。個別施設計画（長寿命化計画）策定（2020年度までに策定）においては長寿命化、廃止、機能転換、減築、集約・複合化等が検討されることになります。自治体内

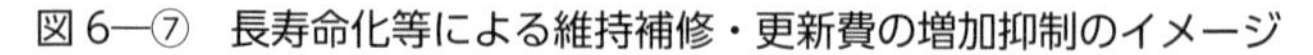

図6—⑦　長寿命化等による維持補修・更新費の増加抑制のイメージ

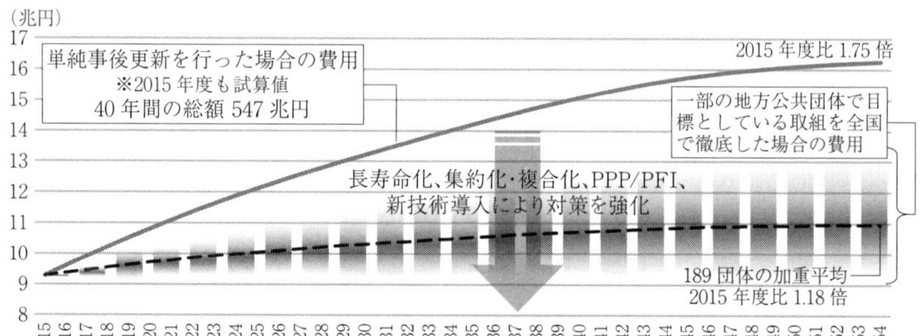

―単純事後更新を行った場合の費用
一部の地方公共団体の公共施設等総合管理計画において目標としている取組を全国で徹底した場合の費用
189団体のストックの規模を考慮した第1四分位から第3四分位の削減率(12～34%)
- -189団体の加重平均の削減率(24%)

出所：内閣府資料

部では全庁的な調整会議等で検討されていますが、議会や住民への情報提供・情報共有と住民参加が十分に担保されているかが問われます。

様々な公共施設を一律の基準で評価することには問題があります。たとえば、ファシリティ・マネジメントによる評価として、①建物評価（耐震、老朽化度、バリアフリー度）、②コスト評価（管理運営費、修繕費、減価償却費）、③サービス評価（利用ニーズとの整合性、サービス提供方法の適正性）といった評価項目が提案されています（日本建築学会編2015、11ページ）。ここには公共性の基準（優先順位）は示されていません。公共性の基準（序列＝優先順位）の観点からの評価がなされねばなりません。特に、公共施設の施設としての側面とともに、機関のための施設であるという観点がきわめて重要です。たとえば公立学校であれば、施設の再配置という問題である以上に学校という機関の改編という問題なのです。

公共施設の計画は長寿命化を基本にすることが大切です。内閣府調査によると、長寿命化が最も経費削減効果あるということが示唆されています。内閣府調査における189団体の公共施設等総合管理計画の分析によると、長寿命化はインフラ・公共建築物の両者を対象としており、大きな削減効果があります。それに対して、統廃合等による施設縮減の全体に対する削減率は一定程度にとどまっています（189団体の削減率24％のうち、長寿命化20％、施設縮減4％）（図6－⑦参照）。経済的耐用年数、物理的耐用年数は法定耐用年数より長いことから、長寿命化対策により、法定耐用年数を超えて長寿命化が図られることにより経費削減効果が期待できるのです。

6　自治体業務改革とアウトソーシングの促進

総務省は2015年度から地方行政サービス改革の推進を行っています。2015年8月における総務省「地方行政サービス改革における留意事項」では、経営資源の制約のなかで行政需要が増大するため、業務の標準化・効率化や民間委託の活用などの業務改革を進める必要があるとして、以下の取組みを推進するとしています。

第一に、行政サービスのオープン化・アウトソーシング等の推進として、民間委託等の推進、指定管理者制度の活用、地方独立行政法人制度の活用、BPR（ビジネスプロセス・リエンジニアリング）手法やICTを活用した業務の見直し（特に窓口業務の見直し及び庶務業務の集約化）、といった点をあげています。第二に、自治体情報システムのクラウド化の拡大です。第三に、公営企業・第三セクター等の経営健全化として、公営企業には経営戦略を策定し、広域化や民間連携に取り組むことを、第三セクターにも不断の効率化、経営健全化に取り組むことを促しました。第四に、地方自治体の財政マネジメントの強化として、公共施設等総合管理計画の策定、統一的基準による公会計の整備、公営企業会計の適用の推進をあげています。第五に、PPP/PFIの拡大であり、民間事業者に十分な情報提供を行い、参入促進を図ることなどがあげられています。第六に、地方行政サービス改革に関する取組状況・方針の見える化及び比較可能な形での公表を行うとしています。第七に、総務省として自治体に助言を行うとともに、毎年度フォローアップを実施し、公表するとしています。また、都道府県には市町村の取組みへのフォローアップと助言を行うことを促しています。

総務省は2015年度に自治体の民間委託に関する調査を実施しました。自治体からの回答によると、窓口25業務について、民間活用のメリットとして、①定数削減・配置転換、②業務量増大への対応、③接客向上、があげられ、課題として、①個人情報の取り扱い、②経費削減効果がない、③業務の切り分けが困難、といったことがあげられました。

こうした課題を克服すべく、総務省はモデル事業の推進と横展開を図るなかで民間委託をはじめとする自治体業務改革を推進しました。

総務省の調査によれば、2015年4月1日の時点では、窓口業務の民間委託268市区町村（全市区町村の15.4%)、総合窓口化187市区町村(全市区町村の10.7%)、庶務業務の集約化45都道府県（全都道府県の95.7%)、236市区町村（全市区町村の9.4%）となっていました。その4年後の2019年4月1日の時点では、窓口業務の民間委託425市区町村（全市区町村の24.4%)、総合窓口化236市区町村（全市区町村の13.6%)、庶務業務の集約化46都道府県（全都道府県の97.8%)、515市区町村（全市区町村の29.6%）と増加しています。ただし、窓口業務の民間委託等が進んでいるのは主に政令指定都市、特別区、中核市であり、窓口業務でいえば8割以上が民間委託を実施しています。それに対して、指定都市・中核市以外の都市の窓口業務民間委託の実施率は34.9%にとどまっており、町村では9.7%にすぎません。この4年間の推進策にもかかわらず、一般市や町村においては窓口業務の民間委託を実施した自治体が少数派であるといえます（総務省ウェブサイト、参照)。

ITを利用した業務改革、クラウド化については、AIの活用（道路管理、相談業務、職員支援、自動翻訳など)、自治体クラウド（外部のデータセンターを複数自治体で利用）の活用などが推進されました。クラウドを実施している市区町村は2014年4月1日時点では、合計550団体でしたが、2019年4月1日現在で自治体クラウドが497団体、単独クラウドが685団体、合計1182団体（全市区町村の65%）に増加しました（総務省ウェブサイト、参照)。

窓口業務の民間委託に関しては、企業側からすれば部局ごとに個別に受託すると非効率であることから、包括民間委託にうまみがあります。しかし、東京都足立区における戸籍・住民票業務の民間委託が偽装請負にあたるとして東京都労働局から是正指導を受けたことから、一定の歯止めがかかっている状況にあります。しかし、一部に包括民間委託を進めようとする動きがみられます。

2017年6月、地方自治法等の一部改正において地方独立行政法人法が改正されました。これにより、地方独立行政法人の業務に窓口関連業務が追加されました。そのことを受け、総務省ではガイドライン、標準委託仕様書の作成が行われています。総務省によると、地方独立行政法人は、2019年4月1日時点で149法人が設立されていますが、そのほとんどが大学と病院です。現在、窓口関連業務を扱う独立行政法人の設立を検討する自治体がありますが、今後の動きを注視しなければなりません。

窓口業務は自治体が住民と向き合い、住民とのコミュニケーションをつうじて住民ニーズを把握し、政策につなげるとともに、住民の人権保障のための自治体職員の裁量権を発揮する、自治体行政の最前線です。

窓口業務は「定型的業務」なのでしょうか。あるいは窓口業務から「定型的業務」を切り分け、委託することが可能でしょうか。窓口業務は、申請の真偽の確認、申請理由の正当性の確認など、法の執行としての業務であり、判断を伴う業務としての性格を内包していますので、切り分けは困難であり、民間委託すれば常に法令違反のおそれを抱えることになります。

窓口業務に伴う相談等は、民間事業者の従業員が行うことはできません。それゆえ、自治体職員が担う方が効率的です。また、窓口業務に伴う民間従業員に自治体職員が直接指示することは偽装請負となります。この点でも民間委託は非効率です。

また、窓口業務によって市民のニーズや要求を自治体職員が直接把握し、政策にフィードバックしたり、他部課との連携につなげたりすることが困難になります。

さらに、個人情報漏洩リスクが増大します。また、民間委託による経費削減は低賃金が前提となっており、労働者につけを回すことになってしまうという問題があります。

指定管理者制度については、総務省の調査によると、2018年4月1日時点での都道府県の公の施設の導入率は約60%となっており、都道府県によって導入率はばらつきがみられます（総務省「公の施設の指定管理者制度の導入状況等に関する調査結果」、2019年5月）。また、2019年4月1日時点の施設種別ごとの導入率をみると、都道府県、指定都市では全般的に導入が進んでいますが、図書館は都道府県で13%、指定都市で24%、博物館は都道府県50%、指定都市48%の導入率にとどまっています。その他、都道府県で50%以下は開放型研究施設のみ、指定都市で50%以下は海水浴場、「大規模霊園、斎場等」にとどまっています。指定都市以外の市区町村は、全体として都道府県や指定都市と比して導入率が低くなっており、50%以下は導入率が低い方から、海水浴場、公営住宅、図書館（以上、20%以下）、「大規模霊園・斎場等」、「公民館・市民会館」、「児童クラブ・学童館等」、博物館（以上、30%以下）、駐車場、体育館、大規模公園、競技場、「合宿所・研修所等」となっています（総務省「地方行政サービス改革の取組状況等の調査」、2020年3月27日）。

指定管理者制度が活用される背景には、自治体職員定数の削減により職員体制が厳しくなったことがあります。公共施設の指定管理者制度の問題点としては、第一に、施設の管理運営が公共機関の役割と密接に関わっている場合、公共性の確保が困難になることがあります。たとえば、図書館や博物館は社会教育機関の施設としての役割がありますが、それは元々直営で確実に保証することが想定されています。民間事業者を指定管理者とすれば、社会教育機関としての役割を果たすことが保証されません。また、購入書籍等において事業者の利益が追求されれば利益相反のおそれが出てきますし、司書等の専門性が確保されるかが懸念されます。第二に、指定管理期間は多くの場合5年間ですが、事業の継続性の確保の点で自治体側にとっても民間事業者等にとってもリスクがあります。第三に、公契約条例での規制がない場合は民間事業者等の労働者の十分な処遇が保証されないおそれがあります。

PFIについては、民間事業者との長期間の契約をもとに、民間資金によって公共施設を整備するとともに、施設整備後の管理運営については指定管理者制度を活用するというものです。PFIはイギリスで開発された手法ですが、イギリスにおいてPFIは通常の公共事業よりコストがかかる実態が明らかになり、終了することになりました（榊原2019、参照）。ところが、日本においては、国が自治体に対して公共施設を整備する際に優先的にPPP/PFIの導入を検討することを要請しています。その際、国の手引きにしたがって試算すれば、VFM（Value For Money）が生じる、すなわち他の手法よりコストが削減できるという結論が導き出されるようになっています。しかし、PFIにコスト上メリットがあるかについては、きわめて根拠があいまいです。尾林・

入谷（2009）が指摘したように、PFI については通常の公共事業より経費が 1 割削減できるため、金利差や PFI 事業者の利益をプラスしてもなお、VFM が得られるという試算の枠組みになっているからです。1 割コスト削減は予め試算前提になっており、これでは結論ありきといっても過言ではありません。

7　公営企業の経営改革

現在、地方公営企業の経営改革が地方財政改革の焦点の一つとなっています。地方公営企業は、2018 年度決算ベースでみると約 8300 事業、決算規模は約 17 兆円、企業債現在高は約 40.8 兆円となっています。また、一般会計等からの繰入金が約 2.9 兆円あります。事業数でみると、下水道事業（44%）、水道事業（簡易水道事業を含む）（23%）、病院事業（8%）の順で多く、職員数でみると、病院事業が全体の約 67%、次いで、水道事業（簡易水道事業を含む）（13%）、下水道事業（8%）、交通事業（6%）の順となっています。決算規模でみると、下水道事業（32%）、水道事業（簡易水道事業を含む）（27%）、病院事業（23%）、交通事業（8%）の順となっています（総務省「平成 30 年度地方公営企業決算の概要」参照）。

公営企業の課題として施設の老朽化対策が重要となっています。特に施設への投資額が大きい水道事業や下水道事業においては老朽化した施設の大量更新の課題の他、人口減少による料金収入の減少が課題となっています。また、過疎地域等の条件不利地域では下水道事業や簡易水道事業の多くは官庁会計方式をとっており、赤字補填等のために一般会計等から基準外繰出を行っています。総務省は、下水道事業や簡易水道事業に対する企業会計適用を推進するとともに基準外繰出の解消を求めています。

こうしたなかで、総務省は、2016 年 1 月、自治体に対して 2020 年度までに公営企業の経営戦略の策定を要請し、「経営戦略策定ガイドライン」を取りまとめるとともに、2020年度まで経営戦略策定に対する財政措置を講じました。経営戦略においては、人口推計の反映、ストックマネジメント、計画的な料金水準の改定等により、計画期間内の収支均衡を図るべく基本10年の投資・財政計画を策定するとしています。策定された計画は毎年度進捗管理するとともに、3〜5年ごとの見直しを行うとともに、収支ギャップが生じた場合は、その解消を図ることが求められます。総務省は、経営戦略策定にあたって、広域化、指定管理者制度、包括民間委託、PPP/PFIなどの民間活用を検討するといった抜本的な改革を推進するとしています。また、抜本改革における広域化等の推進について、策定状況、取組状況をフォローアップするとともに、経営比較分析表活用による「見える化」が推進されています（図6-⑧および図6-⑨参照）。

総務省によれば、2019年3月末時点での経営戦略の策定率は57%となっており、2020年度末までに95%が策定予定となっています。

総務省は、水道事業・下水道事業等については、広域化を推進しており、広域化に係る調査・検討に要する経費は特別交付税の対象としています。また、下水道事業や簡易水道事業に対する公営企業会計適用および基準外繰出の解消を求めています。

公営企業のうち水道事業（簡易水道事業を含む）において経営戦略を策定したのは2019年3月末時点で59%となっています。2020年度末までの期間内にほとんどの公営企業が経営戦略を策定予定となっています（総務省のウェブサイトによる）。総務省のガイドラインに沿った経営戦略が策定されれば、収支均衡を図るための計画的な料金改定を盛り込むことになるため、特に人口減少と低密度化が進むと予測される地域においては、料金の大幅な引き上げが進められることになるでしょう。

図6—⑧　公営企業における更なる経営改革の推進

公営企業の現状及びこれからの課題

○急激な人口減少等に伴うサービス需要の減少
○施設の老朽化に伴う更新需要の増大
⇨ さらに厳しい経営環境
○民間活用の推進等に伴い職員数が減少する中、人材の確保・育成が必要
○特に中小の公営企業では、現在の経営形態を前提とした経営改革の取組だけでは、将来にわたる住民サービスを確保することが困難となることが懸念

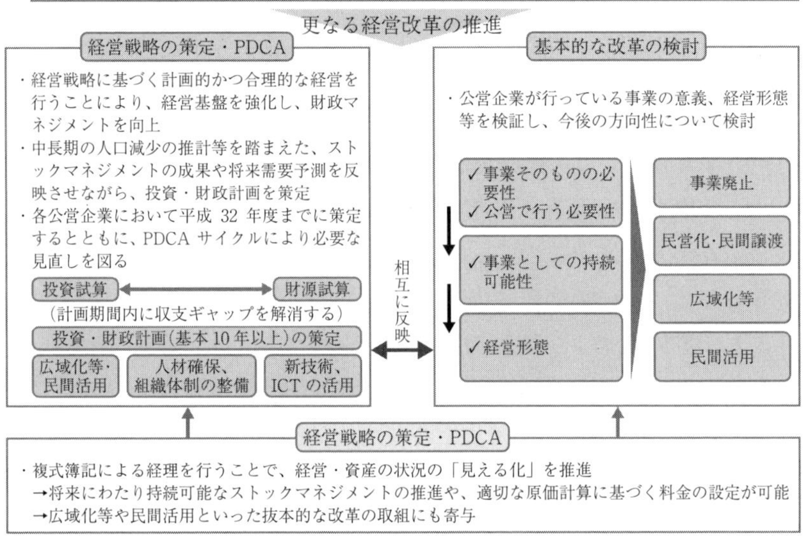

出所：総務省「人口減少社会等における持続可能な公営企業制度のあり方に関する研究会」（2019年4月19日）資料

2017年度から水道事業の高料金対策および下水道事業の高資本費対策に関わる交付税措置ついては経営戦略策定を要件化しました。

公営企業会計の適用については、総務省は下水道事業および簡易水道事業を重点事業として位置づけ、推進してきました。人口3万人以上の自治体については、2019年度までの移行が求められ、総務省によれば、2019年4月1日時点で、下水道99.5%、簡易水道97.7%が適用済みまたは取組中となっています（総務省ウェブサイトによる）。総務省は、人口3万人未満の自治体についても、2023年度までに移行する

図6—⑨　民間活用の類型・地方独立行政法人の概念図（イメージ）

(1)　民間活用の類型について

PPP（Public Private Partnership）

公共施設等の建設、維持管理、運営等を行政と民間が連携して行うことにより、民間の創意工夫等を活用し、財政資金の効果的使用や行政の効率化等を図るもの。

PFI（Private Finance Initiative）

PFI法に基づき、公共施設等の建設、維持管理、運営等を民間の資金、経営能力及び技術的能力を活用して行う手法。

公共施設等運営権制度（コンセッション）

利用料金の徴収を行う公共施設について、施設の所有権を公共主体が有したまま、施設の運営権を民間事業者に設定する方式。

—所有：地方公共団体

—運営：民間事業者（利用料金の設定も可能）

包括的民間委託

指定管理者制度

地方公共団体の事務である公の施設の管理について、地方公共団体がその権限の一部を指定管理者に委任するもの。

—所有：地方公共団体

—管理：民間事業者に委託（施設の使用許可権限もあり）

(2)　地方独立行政法人について

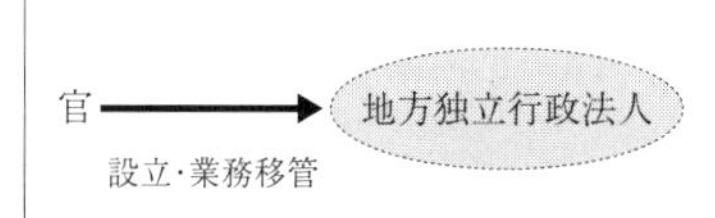

地方公共団体自身が直接実施する必要はないものの、民間の主体に委ねては確実な実施が確保できないおそれがあるものを効率的・効果的に行わせるため、地方公共団体が設立する法人。

—所有・管理：地方独立行政法人

※権限等を定款により規定

出所：総務省「人口減少社会等における持続可能な公営企業制度のあり方に関する研究会」（2019年4月19日）資料

ことを求めています。

総務省は水道事業と下水道事業の広域化を推進しており、さらに広域化と合わせて民間活用の検討を促しています。水道事業については、複数の市町村が区域を超えて連携したり、一体的な事業に取り組む広域化はスケールメリットによる経費削減や組織体制の強化などの効果が期待できるとしています。また、広域化のなかでも経営統合の効果が強調されるとともに、経営統合が困難な地域では施設の共同設置・共同利用等による更新費用や維持管理費用の削減効果が期待できるとしています。広域的な経営統合の際には民間委託等の推進がセットで入ってくることになります。

水道広域化に対する地方財政措置が2019年度から拡充され、対象範囲を経営統合だけでなく、施設の共同設置やシステムの共同利用等に広げるとともに、国庫補助事業だけでなく、地方単独事業も対象にしました。また、国庫補助事業における交付税措置率を50%から60%に引き上げました。また、2020年度からは、簡易水道を上水道事業に統合した場合、統合後に実施する旧簡易水道区域の建設改良に対する地方財政措置が講じられます。過疎・辺地地域の場合、水道事業債の元利償還金の60%につき一般会計から繰出し、その繰出金の70%を特別交付税措置するというものです。これをみれば、総務省が水道事業の広域化に対する財政誘導を強めていることがわかります。

しかし、水道広域化、統合化は農山村地域の水利用の性格や実態と合っていません。農山村地域の特徴は分散居住であり、水源も分散型である場合が多くみられます。農山村集落では地域で水源を確保し、水利組合等での地域共同管理を行ってきました。こうした歴史的経緯から自治体が経営する簡易水道事業や上水道事業においても分散型の水源を維持しているケースが多くみられます。こうした農山村型の水道を統合すれば、かえって非効率となり、また災害に対するリスクが増すと考えられます。

また、下水道事業についても、水道事業と同様に、総務省は汚水処理場の統合が効率的としており、市町村間の統合を積極的に推進する必要があるとしています。また、地理的要因等によって汚水処理場の統合が困難な地域については、維持管理・事務の共同化により維持管理費用の削減効果が期待できるとしています。

しかし、このような統合の効率性の前提を問う必要があります。そもそも汚水処理システムの問題を考える際に、分散型の農山村地域では合併処理浄化槽が適しており、下水道よりかなりのコスト削減になることが知られています。本来、国や府県によって過剰な下水道計画が推進されたことから、合併処理浄化槽が適している地域に公共下水道や農業集落排水等が整備された経緯があります。施設の老朽化にあたって、場合によっては下水道を撤去し、合併処理浄化槽に切り替えるという選択肢も検討に値します。

総務省は、都道府県に対して2022年度までに「水道広域化プラン」の策定を求めており、また、同じく2022年度までに都道府県による下水道事業の「広域化・共同化計画」策定を求めています。そのねらいは、市町村間では自主的な協議ではなかなか進まない水道や下水道の市町村間の統合を都道府県が調整することによって推進しようというものです。都道府県には、国の政策の画一性や集権的な性格を市町村にそのまま押し付けるのか、あるいはそれを修正して市町村の実情に即した水道や排水処理のあり方を尊重するのかが問われることになります。

人口減少およびインフラ老朽化への対応は不可欠ですが、自治体の自己決定権と地域の独自性を踏まえた対応が必要です。CPI（サイバーフィジカルシステム）、IoTの活用などによる効率化の流れは今後加速していくことになるでしょう。

公営企業会計適用および基準外繰出の解消については、基準外繰出は自治体の自己決定権の重要な事項であり、一律に否定されるものではありません。条件不利地域における水道事業・下水道事業等の公営企業では、その条件に応じた一般会計等からの繰出が必要な場合があり、その財源とした過疎地域への地方交付税の傾斜配分が正当化されるべきです。

水道事業・下水道事業等の広域化については、事業統合、経営一体化に比べ、管理の一体化、施設の共同化などは進めやすいとされますが、水における自治を奪うことがあってはなりません。効率化とともｍ

に自己決定権の保持、地域の水源の維持・活用など自然的社会的条件を考慮したうえでの連携が必要です。

民間委託については、包括民間委託やPFI等の場合は特に自治体職員の技術、専門性の保持が困難になるおそれがあります。PFIのなかでもコンセッション方式は施設の自治体所有のもとで運営権を民間に譲渡するものであり、民間事業者が価格設定権をもつなど、公共サービスを民間事業者の収益源として差し出す点で際立っています。いったん民間事業者に依存してしまえば、行政のノウハウが失われ、直営に取り戻すことが困難になることが予想されます。その場合、民間事業者が料金を引き上げることを止めることができなくなるおそれがあります。

水道事業におけるコンセッション方式の導入については、浜松市で計画されましたが、市民の反対運動や水道事業へのコンセッション方式導入を可能とする水道法改正への批判が高まったことから、市議会において賛成会派ゼロとなり、計画が凍結されました。ただし、他自治体を含め今後の動きには注視が必要です。

公立病院については、バブル期などにおける過剰な設備投資や医師・看護師不足、さらには診療報酬の抑制などを背景に、赤字で苦しむ状況がありましたが、自治体財政健全化法の導入や総務省による公立病院改革プランの推進のなかで、経営改革が行われてきました。その結果、公立病院全体の累積欠損金は減少傾向にあります。

それでも、2010年度以降、経常収支が赤字である公立病院の割合は年々増加傾向にあります。その背景には診療報酬の全体としての引き下げが影響していると考えられます。それに対して、総務省は2015年3月、新公立病院改革ガイドラインを示し、それに基づく新公立病院改革プランの策定を要請しました。ガイドラインでは、旧ガイドラインで示された視点である①経営の効率化、②経営形態の見直し、③再編・ネットワーク化、の３点に加えて、地域医療構想を踏まえた役割の明確化が求められました。また、都道府県の役割・責任の強化が要請され、再編・ネットワーク化への積極的な参画や病院の新設・建替へのチェック機能の強化等が求められました。なお、2018年度までにすべての公立病院でプランが策定済となっています。新ガイドラインと合わせて地方財政措置が講じられ、2015年度から再編・ネットワークへの財政措置に重点化し、通常の整備の場合の病院事業債の元利償還金に対する地方交付税措置率25％に対して再編・ネットワーク化に伴う整備の場合は40％となっています。また、既存の公立病院新設・建替における病院事業債に対する交付税措置について、総務省は、地域医療構想との整合性に係る都道府県の意見にもとづき適合的なものでなければならないという条件を付けました。このことは公立病院の新設・建替に対する都道府県の実質的な権限が極めて強化されたことを意味します。総務省は財政誘導とともに財政的締めつけ措置を活用し、都道府県に地域医療構想にもとづく市町村立病院等の病床数の削減や経営改革を強引に推進させているのです。

厚労省においては、地域医療構想の達成に向けた病床の機能分化・連携や在宅医療推進などのために、2017年度から国３分の２、都道府県３分の１の負担により地域医療介護総合確保基金を造成しました。さらに、2020年度から同基金による新たなダウンサイジング支援が行われます。すなわち、単独病院の病床削減とともに複数病院の統廃合に伴う病床数を削減した病院に対して、施設・設備整備費や不要となった建物・医療機器の処分などに基金の活用が可能となります。

以上のように、総務省と厚労省はともに地域医療構想を推進しており、各種の財政誘導を強めています。また、診療報酬の抑制も継続しており、自治体病院経営とともに民間病院経営も厳しさを増しています。このようななかで、医療体制に余裕がない状況をきたし、今回の新型コロナへの対応が遅れたり、科学的にみて適切な対策がとれなかったりしているとおもわれます[7]。

8　小括

以上、集権的地方財政改革の主な政策と実態についてみてきました。いずれの政策も新自由主義の影響のもとで人口減少社会危機論と財政再建至上主義を背景としながら、自治体の「生き残り」競争を煽り、自治体「空洞化」と圏域行政化へと財政誘導する点では同じ方向性をもつものといえます。

次章では、集権的地方財政改革のなかでも残された連携中枢都市圏について検討します。

7　新型コロナへの対応には、厚労省の医系技官の意向が大きく影響しているといわれています。初期対応において大量検査と隔離の徹底、専用病床の確保および感染地への機動的な医療資源の投入といった対策がなぜとれなかったのかについて、総括が求められるでしょう。

7. 連携中枢都市圏と地方財政

本章では、集権的地方財政改革に関連して、圏域化改革の一環である連携中枢都市圏と地方財政の問題をみていきます。

1 「自治体戦略 2040 構想」下での連携中枢都市圏は自治体間の対等平等な関係を壊す

自治体戦略 2040 構想が提起する圏域行政は、連携中枢都市圏および定住自立圏のエリアあるいはこれから形成することが期待される複数の市町村からなるエリアを想定しています。自治体戦略 2040 構想研究会報告によれば、連携中枢都市の対象となる地域全体の人口は総人口の約 35.0% であり、そのうち連携中枢都市圏形成済みの地域は 15.1% となっています。また定住自立圏の対象となる地域全体の人口は総人口の約 14.7% であり、そのうち定住自立圏形成済みの地域は約 9.2% となっています。その他、三大都市圏の人口が全人口の約 44.4% であり、それらのどこにも入らない「その他の地域」の人口は全人口の約 5.9% となっています（図 7 - ①参照）。自治体戦略 2040 構想では、連携中枢都市圏や定住自立圏の対象となる地域において全て圏域行政が確立すれば、残る「その他の地域」は職員の兼務等を行いながら府県が担当（このことを「二層制の柔軟化」と呼んでいます）することによって人口減少に対応した地方行政体制の構築が完成することになります。

「広域圏域」における自治体間の自主的で対等平等な協力・連携は、これまでも行われてきました。なかでも最も重要な役割を果たしてきたのが一部事務組合および広域連合です。一部事務組合や広域連合においては、事務を共同処理することが中心的内容です。一部事務組合や広域連合の事務事業の費用については、構成市町村がルールにもと

図７－①　三大都市圏、連携中枢都市圏、定住自立圏の人口・面積

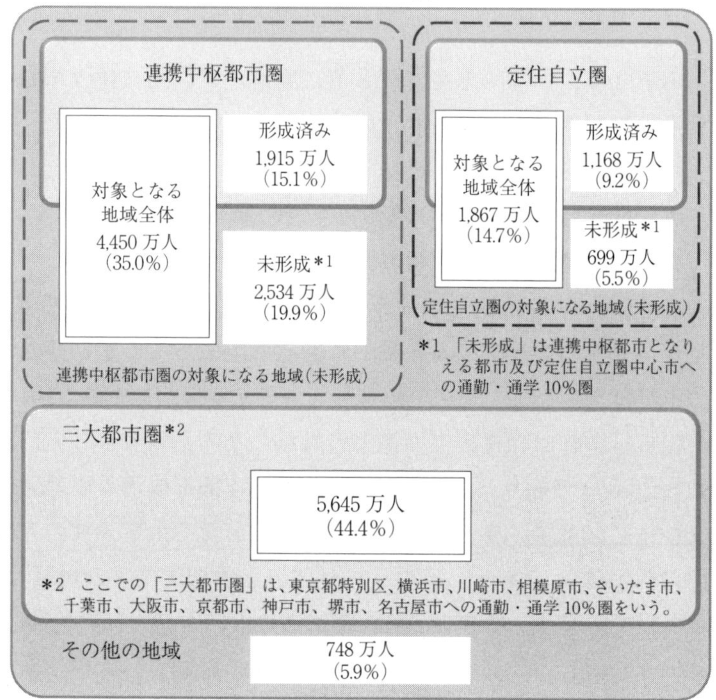

づき分担します。また、各自治体の議員からなる議会によって合意形成を図りながら事務事業を進めます。このように一部事務組合や広域連合は市町村間の対等・平等性が担保されているのです。ただし、一部事務組合や広域連合は住民自治の観点からは不十分性が指摘されてきました[8]。

8　一部事務組合および広域連合制度の詳細および制度の課題については、村上博（2009）、参照。また、高齢者医療確保法により強制された後期高齢者医療広域連合の問題もあります。これに対して、村上博は、自治体の自治保障とは全く無縁の制度に変質しようとしていると批判しています。村上（2009）、223 ページ。

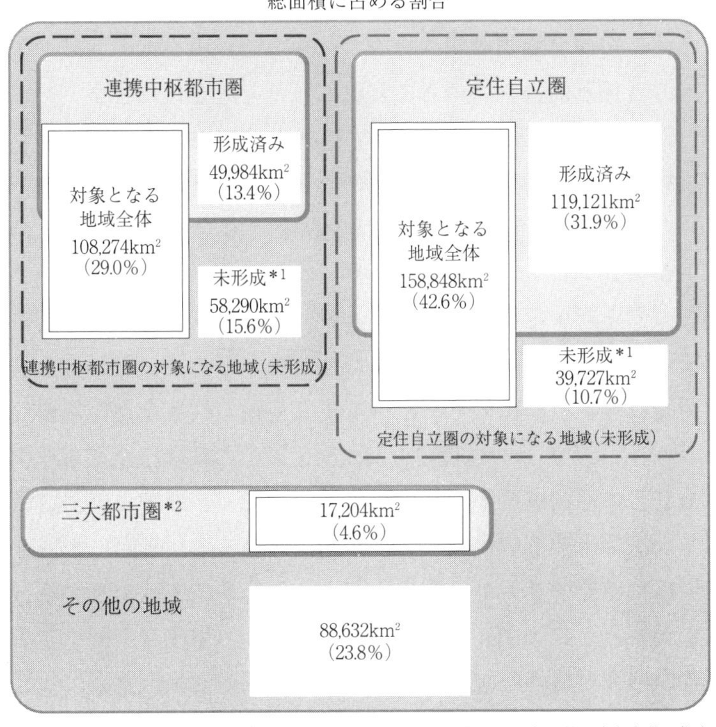

出所：総務省「平成27年国勢調査」を基に作成
出所：「自治体戦略2040構想研究会（第8回　平成30年2月）」事務局資料

それに対して、2009年度から全国展開され、新たな広域連携の仕組みとして推進されたのが定住自立圏構想でした。定住自立圏構想は、これまでの市町村間の対等平等な水平的連携ではなく、中心都市主導型の非対称関係の水平連携を特徴とします。定住自立圏は別組織を創設せず、圏域の中心都市となる条件がある市（人口5万人程度以上、昼夜間人口比率1以上、三大都市圏以外）が自主的に中心市宣言を公表し、それにもとづき中心市と近隣市町村による自治体間の協定を1対1で結ぶことによって中心市が生活関連サービスを近隣市町村に提供するなどし、定住の受け皿づくり（人口のダム機能づくり）を行おうというものです。定住自立圏では中心市によって定住自立圏共生ビジョンが策定されます。定住自立圏構想の一つのねらいは、中心市の圏域マネジメントへの責任と能力を高めることにあったと考えられます。

さらに、2014年から2016年にかけて連携中枢都市圏構想が登場します。連携中枢都市圏構想は安倍政権の地方創生政策の一環として推進されました。地方創生政策における地域再編および行財政合理化のコンセプトが「コンパクト化＋ネットワーク化」でした。そのための仕組みの一つが連携中枢都市圏です。また、定住自立圏には指定都市が取り組まず、中核市も一部の取組みにとどまっており、それらを対象とした新たな枠組みが求められたのです。連携中枢都市となる要件は人口20万人以上であり、昼夜間人口比率1以上の政令指定都市や中核市等であり、生活関連サービスの提供のみでなく、圏域の経済成長のけん引や高次都市機能の集積・強化が期待されます。実際に形成された連携中枢都市圏の多くは日常生活圏よりはるかに広域エリアを含むケースが多くみられます。連携中枢都市圏では、定住自立圏よりさらに自治体間の非対称性が強まっています。連携中枢都市宣言にはじまり、連携中枢都市と連携市町村との1対1の連携協約が結ばれ、連携中枢都市による連携都市圏ビジョンが策定されます。連携協約には各自治体の議会の承認が要りますが、一般的な規定にとどまっており、具体的な内容は議会の承認を要しない連携都市圏ビジョンに定められ、策定後も適宜改定されていきます。このことは、連携中枢都市圏では民主的統制や住民自治がきわめて希薄になることを意味します。その一方で、連携中枢都市には経済成長のけん引や高次都市機能の集積・強化を含め圏域マネジメント能力がいっそう求められることになります。自治体戦略2040構想における圏域行政の下準備、地ならしとしての取組が求められているのです。

自治体戦略2040構想は、未来投資戦略2018、経済財政運営基本方針2018および地方創生基本方針2018といった安倍政権の政策文書と密接に関わって打ち出されました。未来投資戦略ではビッグデータを効率的に集め、オープン化することによって新たな経済成長を目指すという戦略をとっています。そのための手段として、自治体戦略2040構想はAI、ICT、ロボティックス等による行政の標準化と圏域行政化によって地方自治を解体しながら公務員半減化、地方財政の「軽量化」を目指すというのです。

自治体戦略2040構想からみれば、連携中枢都市圏は、定住自立圏とともに、圏域行政の制度化の枠組みを先取りし、条件整備する制度であると位置付けられます。圏域行政が制度化されれば、中心都市以外の市町村自治の総合性が弱まるどころか、市町村自治そのものが致命的に損なわれることになります。

2 連携中枢都市圏の現状をどうみるか

総務省によると、2019年4月1日現在、連携中枢都市宣言を行ったのは34市、連携中枢都市圏ビジョンを策定した圏域数が32であり、それらの圏域を構成する市町村数は304です。

では、連携中枢都市圏ビジョンの内容はどうでしょうか。32件の都市圏ビジョンで確認してみましょう[9]。まず、都市機能（公共施設、医療・福祉・商業等）の役割分担については、公共施設の役割分担を本格的に行っている圏域は見当たりません。多くの場合、既存施設の共同利用や公共施設マネジメントに係るノウハウ共有・研究調査等の段階にあるものとおもわれます。

次に医療・福祉における役割分担の事例としては、まず保育の広域入所、病児・病後保育の広域化、一時預かり保育の広域連携について

9 この点については、各連携中枢都市圏のウェブサイトに掲載された連携中枢都市圏ビジョンを参照。

取り組まれているケースがあります。その他、医療・福祉・教育・産業振興等の相談・情報提供・支援機能や人材確保・調整等に係るソフト事業（救急医療の輪番制、図書館の相互利用、スクールカウンセラー共同活用など）や機関の共同設置・共同運営等において連携中枢都市が中心的機能を担うケースが多くみられます（子育て支援センター、消費者センターの共同設置など）。また、こども医療費助成事業の広域サービス提供、上下水道事業の広域化の検討、消防業務の広域化、ドクターカーの運行を行うケースなどもみられます。しかし、基幹的なサービスや公共施設の役割分担を本格的に行っているケースはないと言ってよいでしょう。これらの取組については、調査研究・検討の段階にあるケースが多いとみられます。

高次都市機能の集積・強化に関しては、まずJR駅周辺整備があげられますが、その他、文化ホールのリニューアル、中心市街地再開発、拠点病院の整備、総合保健センターおよび美術館の整備、文化・観光施設の整備、広域交流中核拠点の整備などが取り組まれています。

まちづくりについては、立地適正化計画における広域連携があげられます。32圏域の連携中枢都市のほとんどが自治体ごとに立地適正化計画に取り組んでいます。なかには姫路市のように2市2町での広域的な立地適正化の方針を策定しているケースもあります。しかし、連携都市圏ビジョンにおいて広域的な立地適正化計画への取組が明示されているケースはほとんどありません。また、地域公共交通網形成計画を共同で策定するケースもありますが一部の取組みにとどまっています。

産業振興については、調査研究事業に取り組むケースが多くみられる他、多くの場合、圏域の産業振興の重点施策が盛り込まれており、連携中枢都市の産業政策に巻き込まれる形になっています。この点では、各連携市町村の産業振興策の独自性が維持されるのかどうかを注視する必要があります。

圏域マネジメントにおける人材育成、職員の合同研修や人事交流等についてはほとんどの圏域で位置づけられています。また、自治体クラウドやオープンデータの共同化に取り組むケースもあります。

以上にみられる現段階における連携中枢都市圏ビジョンの内容は、取り組みやすいソフト事業や個別政策レベルの連携が中心であり、それに加えて連携中枢都市における JR 駅周辺整備等のハード事業が一定程度取り組まれている状況にあります。一方では、コンパクト化+ネットワーク化によるまちづくり・行財政の合理化については検討段階にあるケースがほとんどです。

連携中枢都市圏に対する政府の財政措置はどうなっているのでしょうか。横山（2017）は、2016 年度において地方交付税措置が行われた 17 の連携中枢都市圏についてまとめています。それによると、連携中枢都市に対する普通交付税算定額は約 32.1 億円、特別交付税算定額は約 14.5 億円となっています。2018 年 9 月時点での圏域数は 28 であることから、2018 年度以降における普通交付税算定額および特別交付税算定額はさらに多くなっていることは明らかです。

連携中枢都市に対する普通交付税措置は、連携協約にもとづく任意の取組に対する措置であり、普通交付税制度の趣旨に馴染まないのではないでしょうか。また、連携中枢都市および連携市町村に対する特別交付税措置も、連携中枢都市圏を推進するための財政誘導であり、交付税の「補助金化」の濫用でもあります。

3　定住自立圏および連携中枢都市圏の問題点・課題

定住自立圏と連携中枢都市圏の 2 つの制度は、市町村合併や道州制といった急進的改革ではなく、現行の二層制を維持しながら政策ベースで自治体間連携を図りながら漸進的に改善・調整する側面をもっていると言えなくはありません。とはいえ、実際に制度をどう適用するかが重要であり、課題は大きいと言えます。連携中枢都市圏や定住自立圏の問題点・課題として以下の点を指摘しておきます。

第一に、連携中枢都市や中心市が一方的に連携中枢都市宣言や中心市宣言を行うという仕組みや連携中枢都市や中心市への傾斜的財政措置が対等な自治体間の関係性をゆがめるおそれです。

第二に、既存の基幹的な生活関連機能サービスを中枢都市や中心市が提供することになれば、「周辺自治体」の行政機能の「空洞化」や自治機能の「空洞化」が進む可能性があります。

第三に、連携中枢都市圏において連携中枢都市に「経済成長のけん引」や「高次都市機能の集積・強化」関連の投資が集中すれば、連携中枢都市への人口や経済力の集中と周辺部の衰退を促進するおそれがあります。

第四に、特に連携中枢都市圏は圏域の経済政策や広域的視点でのまちづくりを含む施策を圏域自治体が連携して進めるものであり、そこに住民自治が実質的にどう確保されるかが問われます。その意味では「圏域自治」における民主的統制や住民自治をどう保障できるかが課題となるでしょう。

第五に、連携中枢都市圏や定住自立圏の推進は、市町村自治の「空洞化」を促進する方向に作用すれば、市町村合併や道州制の条件整備として機能する可能性があります。

以上のように両制度は多くの問題を孕む制度であることから、関係自治体には、自主性と自治体間の対等性を基本とするとともに、地域の総合性の観点からの検討や住民合意のプロセスの確保などによって、政府による連携中枢都市圏や定住自立圏の誘導策の集権的性格や一面性・画一性の弊害を克服する努力が求められます。

4 連携中枢都市圏において圏域行政が制度化されればどうなるか

さらなる市町村合併や道州制をめざす勢力からみれば、広域連携推進のねらいは、人口減少と社会保障関係費増大、公共施設老朽化などが進むなかで、基礎自治体の「フルセット型行政」からの転換を図ることです。

しかし、構成市町村の事務事業の一部が連携中枢都市に移行され、連携中枢都市が構成市町村や府県の事務事業を担う領域が拡大すれば、市町村自治の総合性が弱まり、そのため住民自治が後退するおそれがあります。

また、拠点都市や都市内中心部等への地域再編・集約化は周辺地域からの人口移動を伴うものであり、周辺地域のコミュニティへのダメージとなります。周辺部に位置付けられる農山漁村や小規模地方都市のコミュニティこそが「田園回帰」の主な受け皿であるとすれば、その破壊は重層的な「人口のダム」機能の破壊でもあり、東京一極集中の是正よりむしろ促進するおそれがあります。

「地方創生」政策=「創造的破壊」政策とその一環としての自治体間連携促進策は、上でみたように問題が多いと言えます。しかし、「地方創生」政策は自治体の自発的な計画や取組みを重視していることから、市町村や府県が自治の抑制・媒介・参加機能を発揮することによって、集権・競争型な改革や拠点集約型の改革につながることを抑制する可能性があることも指摘できます。

連携中枢都市圏には、先に指摘したように重大な問題点・懸念があります。しかし、連携中枢都市圏の取組みが各自治体の自主性にゆだねられている限りでは、自治体間の対等平等な連携の取組みによって、その国家政策による画一性や財政誘導等にともなう弊害を緩和し、一定程度克服することも可能だとおもわれます。いずれにせよ、連携中枢都市圏や定住自立圏については、「周辺市町村」の視点から十分な検証が求められます。

ところが、圏域行政が法令によって制度化されるならば、自治体の自主性は吹き飛びます。自治体戦略2040構想研究会第二次報告では、現在の連携中枢都市圏の不十分性を次のように指摘しています。

「現状の連携では、中心都市の施設の広域受入れ、施設の相互利用、イベントの共同開催など利害衝突がなく比較的連携しやすい分野にその取組が集中している。都市機能（公共施設、医療・福祉・商業等）の役割分担など、負担の分かち合いや利害調整を伴う合意形成は容易ではない…」

「まちづくりや産業など、圏域単位での政策遂行が合理的な制度・政策についても、現在は、圏域が主体となることを前提とした制度設計が行われていない」

以上のような連携中枢都市圏の不十分性の指摘が、圏域行政の法制化による強制論につながっていきます。

連携中枢都市圏において圏域行政が制度化されればどうなるかについては、金井利之氏の見解が参考になります。金井（2018）によれば、圏域行政が制度化されれば、国の府省庁の政策・施策を実行する新たな時代の普通地方行政官庁としての「圏域」と「圏域外を担う府県」という中央集権的地方統治構造に変更されることになるといいます。

自治体戦略2040構想研究会の報告が出された後、総務省は「基礎自治体における行政基盤の構築に関する研究会」を発足させ、そのなかで広域連携について検討しています。第5章でみたように、その議論のなかでは、委員からの意見を踏まえ、事務局提出資料のなかで「事務・施策の特長と連携のイメージ（案）」として以下の点が整理されています[10]。①市町村の区域をまたぎ、広域的な視点で対応する必要がある事務・施策は、圏域で一体的に検討し、実施することが効率的・効

10　第7回基礎自治体による行政基盤の構築に関する研究会・事務局提出資料（2019年1月）

果的ではないか、②地域的課題であっても、顕在化しつつある長期的な課題への対応には、圏域の持続可能性を高める観点から、一定の体制を有する中心市が近隣市町村に係る調査（事実確認）を合わせて行うことが適当ではないか、③広域的・長期的な観点で人材を育成する取組は、圏域で一体的に検討し、実施することが効率的・効果的ではないか。

こうした見解が意味することは、中心市以外の市町村は長期的課題以外の地域に係る事務・施策にのみ独自性を保持すればよいということになります。さらに、地域に係る事務・施策においても窓口業務、公共施設の維持・管理などは広域連携とアウトソーシングによってまかなうことになれば、市町村自治の独自性は著しく損なわれることになりかねません。

政府が圏域行政のスタンダード化を強力に推進しようとするならば、財政誘導を強めることが予想されます。平岡（2019a）では、特に地方交付税において、圏域行政のスタンダード化を前提に基準財政需要額の算定が行われるようなことがありえることを指摘しました。

また、財政誘導の強化に関わって経済財政諮問会議（2018年11月20日）における有識者議員の提案のなかに、過疎対策事業債を過疎自治体のみが使える制度をあらため、過疎自治体以外を巻き込んだ広域化事業に活用できる仕組みを構築すべきという意見が出されました。その理由として、過疎自治体と周辺自治体が連携して広域サービスを実現するよりも単独事業が選好されると、人口減少下ではかえって非効率となる可能性があるというのです。このことは重大な意味を持ちます。過疎債は過疎自治体において必要な公共施設やインフラの整備等を行うためにきわめて重要な財源であるのに、広域で中心市などの意向に左右されかねない仕組みが提案されているからです。

また、経済財政諮問会議（2019年2月26日）における有識者議員の提案においては、広域連携に関して、インフラの維持管理・更新の共同化、コンパクト化に向けた立地適正化計画と地域公共交通網形成計画の一体的策定など、都市圏域など広域連携が有効な地域・分野において、先進・優良事例に社会資本整備総合交付金の重点配分などの財政的インセンティブを活用し、全国展開を推進することが提案されています。裏を返せば、圏域マネジメントによる地方行政の合理化を目指す観点からいえば、いまだこれらの取組が不十分であると評価されているということでしょう。

このような政治・政策動向をみれば、今後は、連携中枢都市圏による広域連携を促進するための制度改正や財政誘導の動きが強まることが予想されます。

5　第32次地方制度調査会における検討状況と「新たな圏域行政」法制化問題の行方

2018年7月に発足した第32次地方制度調査会は2020年夏における答申を予定し、専門小委員会において検討が進められています。ここでは、2020年4月7日の専門小委員会で提出された「総括的な論点整理案」（以下、論点整理案）とそれに対して2020年4月23日の専門小委員会に提出された地方団体の意見をもとに広域連携を中心に問題を整理しておきます。

論点整理案では、自治体戦略2040構想研究会報告や2019年7月の地方制度調査会「中間報告」と同様に、2040年頃の日本社会の姿と資源制約からサービス提供体制や地域社会の持続可能性に危機感を表明するとともに、自治体の経営資源が足りないことを前提に、自治体間連携や地域の共助組織等との連携、および行政デジタル化で補えばよいという主張になっています。そこには、長年の緊縮政策によって脆弱化した公共部門を再構築し、強化するという視点が欠けています。

広域連携に関する基本的な考え方は、資源制約下での地方行政サービス提供体制の確保が必要という前提に立って、他の自治体と連携し、施設・インフラなどの資源や専門人材を共同活用する取組みが重要だとしています。特に、「自治体戦略 2040 構想」と同じく、これまでの定住自立圏や連携中枢都市圏での比較的連携しやすい取組みだけでなく、資源や専門人材の共同活用、施設・インフラの再編、公共交通の再編、持続可能な都市構造など、合意形成が容易でない課題に積極的に対応する必要があることも強調しています。ただし、自主的な取組みであることが前提であることを強調し、「自治体戦略 2040 構想」が提起した「圏域行政」の法制化について明確な文言として打ち出していません。この点は、市町村の自主性を重視すべきという一部委員の意見とともに、「圏域行政」の法制化に対する全国町村会をはじめとした地方団体の強い懸念と批判が影響していると考えられます。

しかし、論点整理案の「連携施策への十分な参画を担保する仕組み」の項において、合意形成過程のルール化や進捗管理への適切な関与などの仕組みが提起されており、仕組み＝法制化が含意として入っているとの見方もできます。この点について、2020 年 4 月 23 日の専門小委員会に提出された全国町村会の「意見」では、「これまで要綱で定められていた圏域のビジョンや連携計画等の策定プロセスを法律に格上げする方向で議論されているやに承知しておりますが、この仕組みが、法律による制度化を図ろうとするものであるならば、本会の総意として『断固反対』します」と強い懸念が表明されています。

その他、論点整理案では、連携計画作成市町村と相手方の市町村という区分を用い、定住自立圏や連携中枢都市圏の特徴である中心都市と連携相手の周辺市町村との非対称性を強調しながら、中心都市等の圏域マネジメントに周辺市町村を巻き込むメリットと方策をあれこれ提起しており、個別行政分野の計画の共同作成を行いやすくすることや都道府県の関与の強化を提起するなど、市町村自治の空洞化を伴う中心都市による圏域マネジメントの強化論が展開されています。

論点整理案に対しては、上記のように全国町村会が「圏域行政」の法制化に反対する厳しい意見を表明しています。2019年11月の全国町村長大会では「新たな圏域行政」に断固反対する特別決議をあげています。全国町村会の「意見」においては、第32次地方制度調査会が、「新たな圏域行政」の法制化とスタンダード化を盛り込んだ「自治体戦略2040構想研究会」報告の問題意識を受け継いでスタートしたものと理解したうえで、審議の行方によっては団体自治と住民自治に基づく町村の存立基盤をゆるがしかねない恐れがあるとの強い危惧をもって地制調の審議を注視してきたとしています。連携中枢都市圏については、地制調の場で、「財源・権限の中心市への集中や、団体規模・地域事情・地理的条件等の違いを柔軟・機動的に考慮できない『多数構成による合意形成』の難しさなど根本的な問題とそれに応えられない制度の限界があり、現場でのニーズやメリットが感じられない」旨の発言をしてきたとしています。

また、合意形成の難しさの問題を「中心市」と「周辺市町村」とのコミュニケーション不足問題にすり替え、連携施策への「周辺市町村」の参画や「共・私の参画」法制化をすれば解決するという考え方を厳しく批判しています。

さらに、全国町村会の「意見」では、広域連携ではしばしば「自主的な取組み」が強調されるが、「平成の大合併」も自主性を謳いながら財政誘導と国・都道府県の強権的な指導により推進してきたと指摘し、「新たな圏域行政」についても同様な手法で突き進むのではないかとの懸念を示しています。

その一方、全国市長会の「意見」においては、論点整理案自体に「圏域行政」の法制化が明記されていないこともあってか、全体として厳しい批判とはなっていません。それでも、いくつか重要な指摘を行っています。第一に、広域連携について、「『連携』の本質は、地域の人々が、そこでの営みや文化、暮らしや街並みなどを次世代につなげたいという思いや願いが根底にあり、それに共鳴する行政や地域団体や市長が、当事者意識をもって主体的に円卓に集い、議論し、共創が始まるところが起点であることを記載すべき」としています[11]。第二に、連携中枢都市圏・定住自立圏に関して、効率性のみを追求して大都市に機能を集約するのではなく、地域の独自性や自主性を尊重した発展を重視すべきとしています。また、現状の資源を有効活用するという考え方のみでなく、本来、地域に確保すべき機能は何かを議論し、地域の持続を考慮した整備を図るべきとしています。これらの指摘は重要です。

しかし、全国市長会の「意見」は全体として広域連携に前のめりであり、合意形成が容易でない広域課題にも積極的に対応するため、広域で対応していくことがメリットとなる制度の創設を提案しています。また、下水道施設の統廃合、広域化など、広域連携により経費削減を図っていくことが重要とし、効果的・実効性が期待できるような計画について広域的な計画策定を法で義務付けることを検討すべきなどとしています。

全国知事会の「意見」では、第一に、広域連携の推進の検討にあたり、市町村の意見を十分に把握すべきではないかとしており、地制調の論点整理が市町村、特に町村の意見を十分に反映していない点を示唆しているとおもわれます。第二に、市町村間の連携については、「地域の自主性に任せるべきであり、連携を強制させないような、また連携をしない市町村にも不利益が生じないような制度設計が必要ではな

11　この点は、全国市長会副会長である飯田市長・牧野氏の主張を取り入れたものと推察されます。牧野(2016)、参照。

いか」としています。また、「圏域行政の法制化についての言及がないが、新たな制度の法制化ではなく、現行制度の充実という方向性で議論が進められているという認識でよいか」とし、圏域行政の法制化にクギを指しています。

以上をみれば、地方団体は全体として「新たな圏域行政」の法制化への懸念や慎重論を共有しているものの、地制調の議論における広域連携のあり方をめぐって、特に都市と町村との間に意見の相違がみられ、分断が持ち込まれることが懸念されます。いま、中心都市への「選択と集中」を強め、小規模市町村の自治を奪う「自治体戦略 2040 構想」の考え方に立った地制調の議論に対して、団体自治と住民自治にもとづく小規模市町村の存立基盤を守り、発展させる立場からの徹底した批判と克服が求められます。全国町村会の「意見」の基本的な考え方を広く共有しながら、2020 年夏に予定されている地制調の答申にいたる審議を注視していかねばなりません。

8. 小規模自治体の自律と自治体間連携

本章では、平成の大合併の嵐のなかで合併せず自律を貫いた小規模自治体の取組みに学ぶとともに、長野県の事例を中心として自治体間連携のあり方と都道府県による市町村補完・支援のあり方を検討します。

1 小規模自治体の自律プランの展開
：長野県泰阜村の事例を中心として

1999年の合併特例法改正に始まる「平成の合併」推進は、2010年度の合併特例法改正をもって、いったん終結しました。「平成の合併」推進はアメとムチの両面からの手段が使われ、アメとしての合併特例債等だけでなく、小規模自治体に対する地方交付税の抑制策（段階補正の縮小）というムチは小規模自治体の財政の持続可能性への不安感を広げるものとなりました。さらに、三位一体改革初年次である2004年度地方財政計画における交付税大幅抑制は、地方財政全般の危機をもたらし、「地財ショック」ともいわれました。財政不安を受けて、2005年3月31日までに合併申請をすれば合併特例債等の優遇策が利用できることもあり、「駆け込み合併」が相次ぎました。市町村数は1999年3月末の3232から2010年3月末の1727に減少しました。

こうした財政を理由とした合併への流れに対して、少なくない小規模自治体が非合併の選択をし、財政的締め付けのなかでも行財政の持続可能性を維持するための「自律（自立）プラン」づくりが進められました。「自律（自立）プラン」から10年以上が経過しても、非合併自治体は「財政破綻」することはありませんでした。それだけでなく、多くの小規模自治体は住民福祉を維持するとともに、優れた地域づくりの成果をあげています。

また、小規模自治体が自律（自立）の道を選択する際に、都道府県による補完・支援機能が重要であり、その点では長野県が合併を支援するだけでなく、非合併自治体の自律（自立）プランを補完・支援したことがあらためて注目されます。

本節では、小規模自治体の「自律（自立）プラン」を振り返るとともに、自律（自立）プラン策定から約10年が経過した時点における検証を試みます。特に長野県泰阜村を事例にとりあげ、当初プランと実際の行財政や住民サービスの相違を確認します。

①　小規模自治体の「自律（自立）プラン」を振り返る

小規模自治体の「自律（自立）プラン」づくりは、長野県市町村課職員による市町村「自律」研究チームが4町村（泰阜村・坂城町・小布施町・栄村）と共同で行った研究報告を契機とし、多くの町村に広がりました。当時、多くの都道府県が合併推進の立場をとっていたなかで、長野県は田中康夫知事のもとで、合併支援だけでなく、自律（自立）を選択する市町村を支援するスタンスをとり、県職員を市町村に派遣したり、市町村特例事務支援制度を導入したりするなど、「自律（自立）プラン」づくりを支援しました。結果として、長野県内市町村数は1999年3月末の120から2010年3月末の77に36％減少したものの、全国平均47％減少と比べ市町村数の減少は抑制されました。平成の合併では村の減少が著しいものであり、1999年3月末の568村から2010年3月末の184村に68％減となりました。そのなかで長野県においては35村が残っており、村の数は全都道府県のなかで最も多くなっています。

自律（自立）計画を策定する際の前提条件の設定として重要なのが財政シミュレーションです。特に小規模自治体に対する地方交付税削減が予想されるなかで、交付税額をどうシミュレーションするかがポイントとなります。また、実質的交付税総額を考慮すれば臨時財政対策債をどう想定するかも重要です。長野県市町村「自律」研究チームの研究報告（2003年2月）では、地方交付税について3つのパターンでシミュレーションを行っています[12]。

3つのパターンはいずれも不確かな前提条件をもとに試算していました。いずれによせ、地方財政をめぐっては、当時の政治動向や財務省、総務省、地方団体などの諸アクターの動きがからんで流動的要素が強く、地方一般財源総額の確保や小規模自治体への一般財源保障の将来予測を立てることが困難な状況下での財政予測であったのです。

市町村「自律」研究チームの研究報告における交付税推計のパターンは、長野県内市町村の自律（自立）計画における財政推計に利用されましたが、各町村によって実際の財政推計ではそれぞれ独自の条件設定を含む場合もありました。町村によって財政推計の条件設定は様々でしたが、今日からみれば、多くの場合、交付税等の削減を過大に見積もったうえで歳出削減目標を立てていました。しかし、当時の小泉政権の構造改革のなかで市町村合併が国策として強力に進められる一方、財務省等の交付税抑制方針、特に小規模自治体に対する交付税抑制が進められていた状況下において、非合併を貫くための大幅な財政見直しが必要と判断されたのはやむを得ない面があったと思われます。むしろ、大幅な地方財政抑制があったとしても、行財政改革を進めることによって財政的持続可能性があることを示すことに意味があったといえます。その背景には、合併することにより独自の行財政権を失

12　3パターンとも共通する前提条件は、段階補正・事業費補正の見直しおよび人口推移を基準財政需要額に反映させる点です。そのうえで、Aパターンは地方交付税の総額は現行レベル（2002年度19.5兆円）を維持するものです。臨時財政対策債は2002年度と同額とします。Bパターンは税源移譲5.5兆円、国庫支出金5.5兆円減を想定し、税源移譲に伴う交付税減少を2002年度総額19.5兆円に対してマイナス8.7%と想定するものです。このパターンの交付税総額は17.8兆円となります。臨時財政対策債も交付税と同様にマイナス8.7%とします。Cパターンは交付税総額を国税5税法定率分のみと想定したものであり、交付税総額はマイナス35.4%の12.6兆円となります。臨時財政対策債は2004年度以降、廃止されるものと想定します。

図8-① 長野県内村の一般財源増減率（2001～2011年度）×2010国勢調査人口

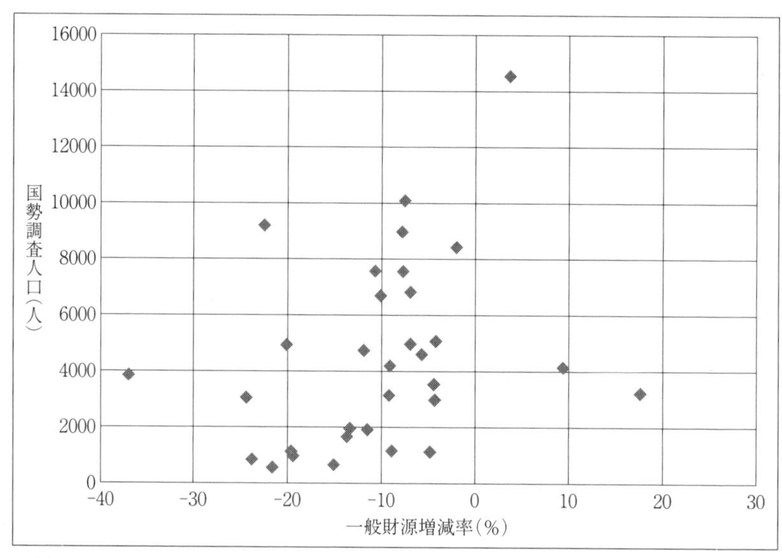

＊合併した阿智村、筑北村および震災のあった栄村を除く　　出所：各村の決算カードより作成

い、地域の衰退が促進されることへの懸念とともに、自治を守り抜く思想があったと言ってよいでしょう[13]。

図8-①は、長野県内の32村の普通会計決算における2001年度一般財源に対する2011年度一般財源の増減率をみたものです。32村の一般財源はこの10年間で平均すると約10%減少となっています。団体ごとの幅もみられ、20%以上減少した村もみられますが、4分の3の村が15%以下の減少（または増加）に止まっています。確かに小規模

13　小さくても輝く自治体フォーラムの呼びかけ人でもあった上野村元村長黒澤丈夫は自治について以下のように語っています。「自治というのは、国民に与えられた一つの権利であり、民主主義の原点でもあると思います。そう考えると、社会というのはなぜあるのか、ということから論じていく必要があります。人間の生き方から説かなければならない。―(中略)―合併を推進する人たちは、財政力が乏しくなるから、同じ住民サービスをするために効率よくやらなければならない、という。しかし、効率とか財政力を言う前に、自治権という、一緒に語り合って、力を合わせて一緒にやろうということを考える方が先なのだと思います」藤井浩（2013)、152-153ページ。

自治体の財政に対する国の財政抑制の影響がみられますが、その影響は当時懸念された大きさからみれば、限定的な影響にとどまったといえます。ただし、人口規模の小さい村ほど一般財源減少率が比較的高い傾向がみてとれます。

いくつかの村の事例をみると、下條村については、2011年度の地方税＋地方交付税を11.7億円と推計していましたが、実際には16.9億円でした。泰阜村の場合、2011年度の一般財源を12.5億円と推計したが、実際には15.3億円でした。原村の場合は、2011年度の一般財源を26.3億円と推計していましたが、実際は27.5億円と予測に近い額となっています。

また、2011年度決算における財政指標をみると、2001年度当時と比較して改善している自治体が多くみられます。実質収支比率をみると33村の平均値は2001年度の5.6から2011年度の8.9へと高くなっており、実質黒字が増加傾向にあります。実質公債費比率をみると33村の平均値は2005年度の17.4から2011年度の10.7へと大きく改善しています。このことから、小規模自治体の財政はこの10年間ほどで悪化するどころか全体として改善していることがうかがえます。その背景には、第一に、2004年度の「地財ショック」に危機感を持った地方からの強い要求のなかで、ポスト三位一体改革における地方財政計画で地方一般財源総額が確保されたこと、第二に、各自治体の人件費抑制を含む行財政の見直しが進んだこと、第三に、財政健全化を進める自治体に対する公的資金の繰上償還・借換が認められたこと、第四に、リーマンショック後の経済対策における財政措置により必要なインフラ整備等が進められたことなどがあげられます。

このように、2002年当時、「合併しなければ財政破綻する」と脅された小規模自治体において、むしろ財政改善が進んだという事実を確認することができます。「平成の合併」が進められ、三位一体改革による交付税抑制が行われた当時においては、非合併の道を進む小規模自治体において、人件費抑制やサービスの抑制、あるいは民営化などを含む行財政の合理化を進める事例が多く、自律（自立）をめざす町村が集まる「小さくても輝く自治体フォーラム」においても、行財政改革の実践が多く報告されていました。ここで留意しなければならないことは、小規模自治体の行財政改革は、第一に、自律（自立）のために歳出削減を図るとしても、住民生活を守るための優先順位を明確にした計画を進めたことです。長野県泰阜村や原村など、多くの小規模自治体は住民福祉・保健・医療、教育など住民生活を守る事業・サービスを優先しながら歳出見直しを進めました。第二に、画一的な国の行政施策をそのまま執行するのではなく、住民参加による地域に合った事業やサービスのあり方を追求したことです。この点では、長野県栄村における村民から養成した「下駄履きヘルパー」導入や国の補助金に依存しない住民参加の小規模単独事業である「田直し」、「道直し」などの「実践的住民自治」の取り組みが典型例です。また、下條村の集落住民参加による生活道路等の整備である資材供給事業や合併浄化槽の取り組みも知られています。

その後、「平成の合併」が一段落となり、地方一般財源総額の確保が継続する状況のもとで、「小さくても輝く自治体フォーラム」における各町村の報告内容も、創意工夫を凝らした持続可能な地域づくりの実践を中心とするものに変化していきました[14]。小規模自治体の優れた取り組み事例をあげれば、生物多様性の保全と自然エネルギー活用を進める北海道黒松内町、循環型林業経営を進める北海道下川町、自然生態系を守りながら有機農業を進める宮崎県綾町、ゴミゼロ政策といろどり事業を進める徳島県上勝町など、枚挙にいとまがないほどです。このことは、住民自治に根ざした小規模自治体の優位性の発揮、「小さ

14　この点については、『住民と自治』の各号における「小さくても輝く自治体フォーラム特集」を参照。

いからこそ輝く自治体」であることを実証しつつあると言えるかもしれません。[15]

② 「自律（自立）プラン」から10年目の検証 —長野県泰阜村を事例に—

「自律（自立）プラン」からおよそ十数年を迎えた現在、計画と実績を比較することによって、小規模自治体の自律（自立）の取り組みを検証することが可能となっています。[16]

本項では、長野県泰阜村を事例としてとりあげます。[17]泰阜村は南信州に位置する人口1815人、面積65㎢の山村であり、在宅福祉の村として知られています。泰阜村の決算一般財源は2001年度から2011年度にかけて約11.5%減となっており、長野県内の村の一般財源の減少傾向からみれば平均に近い村です。

泰阜村の自律計画の主な内容は以下のとおりです。まず人口減少と高齢化の将来を予測することであり、**表8-①**にみられるように、2003年において人口2159人、65歳以上37.0%ですが、2013年の予測として、人口1935人、65歳以上36.7%と推計しました。

財政については交付税マイナス17%等を想定しました。その結果、**図8-②**にみるように、2012年度における一般財源は約12.5億円と想定しました。

表8-① 泰阜村自律計画における人口予測と実際

	1998年実数	2003年実数	2008年予測	2008年実数	2013年予測	2013年実数
総 人 口(人)	2250	2159	2043	1961	1935	1815
15歳未満(%)	14.9	14.4	13.7	12.1	13.5	10.2
15－64歳(%)	50.8	48.6	4836	50.2	49.8	50.9
65歳以上(%)	34.3	37.0	37.7	37.6	36.7	38.8

＊人口は4月1日基準　出所：泰阜村資料

15 小さくても輝く自治体フォーラムの会の町村における優れた実践については、全国小さくても輝く自治体フォーラムの会・自治体問題研究所編（2014）を参照。

16 泰阜村の「自律プラン」の検証については、泰阜村役場から資料提供していただきました。

17 以下、泰阜村『やすおか　自律への道　～泰阜村自律（立）構想～』2003年9月、参照。

図８-② 泰阜村自律計画における一般財源推計と実績

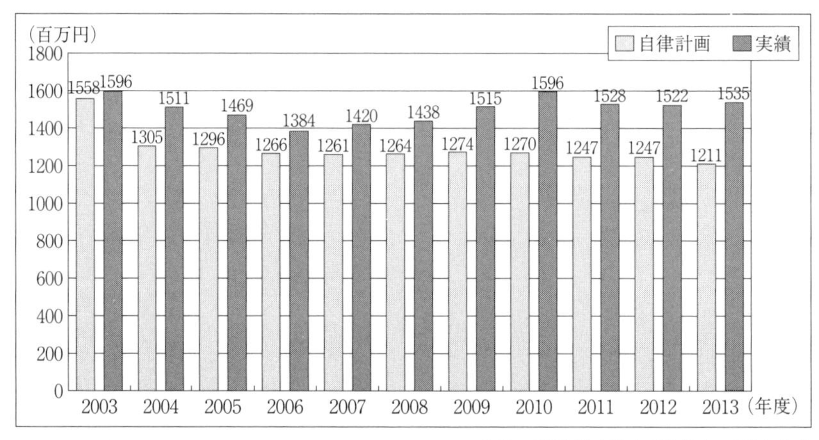

出所：泰阜村資料および決算カードより作成

このような想定のもとで泰阜村の自律計画において、以下の歳出削減方針が打ち出されました。第一に役場機構・事務体制の見直しであり、①「民間委託できるものは民間に」、②年功序列賃金に合わない職務の嘱託化、③職員の守備範囲の見直し、という３つの基本的考え方によって進めるとしました。具体的には特別養護老人ホームやすおか荘の民営化（職員を社会福祉法人に移管）、村営バスの民間委託、職員の嘱託化（学校用務員、学校・保育所の調理員）、診療所の統合などです。第二に職員等における人件費削減であり、特別職の給与削減、非常勤特別職の報酬削減とともに、一般職員数を2013年度までに８人削減するなどとしました。人件費の削減は図８-③のように推計されました。第三に事業・補助金の見直しであり、村民サービスに係わる事業や補助金について20%削減を原則とするとともに、事業の必要性を精査のうえで、①継続・現状維持、②30%以上削減、③廃止とするなど、メリハリをつけた見直しを行うとしました。分野別・事業別の見直し案は表８-③にみられるとおりです。歳出見直し案で特に注目すべきこ

図 8－③　泰阜村自律計画における人件費推計と実績

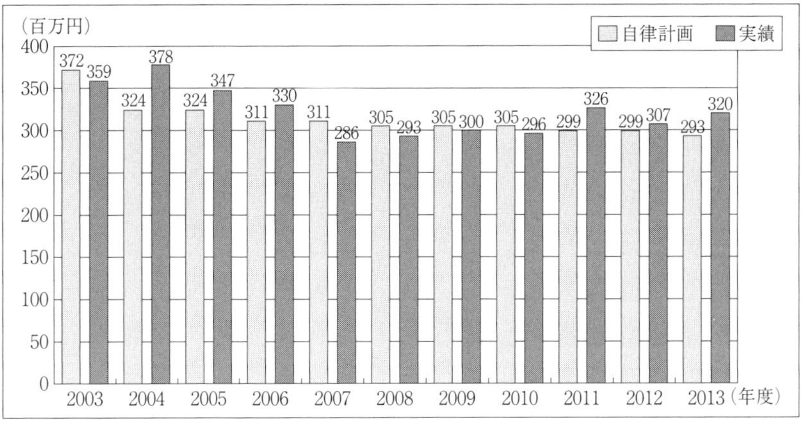

出所：泰阜村資料より作成

表 8－②　泰阜村における職員数及び人件費の推移

年　度	1996 年度	1997 年度	1998 年度	1999 年度	2000 年度	2001 年度
職員数　（人）	62	64	62	60	56	54
人件費（100 万円）	474	484	476	465	429	426
年　度	2002 年度	2003 年度	2004 年度	2005 年度	2006 年度	2007 年度
職員数　（人）	50	49	46	47	46	43
人件費（100 万円）	384	359	378	347	330	286
年　度	2008 年度	2009 年度	2010 年度	2011 年度	2012 年度	2013 年度
職員数　（人）	42	42	42	44	41	43
人件費（100 万円）	293	300	296	326	307	320

＊職員数は、一般職、現業職を合わせた総職員数（理事者は除く）
＊人件費は、職員給与、議員報酬、各種委員報酬、共済費等の合計額（理事者を含む）
＊ 2013 年度の人件費は予算ベースの額　　出所：泰阜村資料

とは、在宅福祉の主要な独自施策については削減せず、継続としていることです。すなわち、泰阜村は介護保険制度の創設にあたって、介護保険在宅利用自己負担の 6 割分について村が扶助費として負担するとともに、介護保険在宅利用限度額を超過した上乗せサービスを全額村費でまかなうという在宅福祉の独自方式を維持したのです。このような泰阜村独自の在宅福祉は合併すれば廃止されることは必至であり、村が非合併の道を進む重要な理由の一つが在宅福祉を守ることでした。それゆえ、自律計画において在宅福祉システムを継続させることが当然のことであったといえます。

では、実際に自律計画はどれほど実行され、あるいは実行されなかったのでしょうか。まず自律計画の前提となる人口等をみると、自律計画の見通しと比べて人口はより減少しており（2013年の推計1935人に対して実際には1815人)、これだけをみれば、人口を主な算定根拠とする地方交付税減につながり、財政上より厳しい状況になるとおもわれます（表8－①参照)。しかし、実際には一般財源は自律計画における見通しと比べて多く確保されています。2012年度の推計12.5億円に対して、実際の一般財源は15.2億円でした（図8－②参照)。

歳出の見直しをみると、まず人件費については、職員数をみると、2003年度の49人から2012年度の41人へと計画どおり8人減となりましたが、2013年度には43人と2人増えています（表8－②参照)。自律計画における見通しでは2013年度の人件費2.9億円であったのが、実際には3.2億円（予算ベース）となっています。人件費については計画より若干高いものの、かなりの削減が行われています（図8－③参照)。また特別職の人件費も削減されました。一方、非常勤特別職の報酬等は削減されていません。

次に人件費以外の村単独事業・補助金等ですが、表8－③にみられるように、計画どおり実施されたものもありますが、かなりの事業・補助金は自律計画どおりに見直されていません。学校、保育所および診療所に関しては統合によって歳出削減が行われ、スクールバス等の民間委託も実行されました。また、用務員、調理員の嘱託化も行われました。一方、村づくり、福祉、医療給付、生涯学習等の事業や補助金は当初の計画と異なり、実際には多くを継続させています。

また、泰阜村の財政状況をみれば、2011年度の実質収支比率は9.1、

表8－③　泰阜村自律計画における分野別最終見直し案と実際

（単位：千円）

分野	項目	2003年度予算額	見直し案	削減予定額	実際の見直し等	2013年度予算額	2003年度予算との差額
村づくり・消防・税金	廃止路線代替バス運行費補助金	190	継続	0	廃止	—	△190
	若者定住住宅促進事業補助金	8,300	住宅新増改築補助IUターン助成金、出産祝金、住宅用地取得費補助（IUターン者のみ）のみとする	△650	継続	7,900	△400
	地域活性化活動等助成金	500	廃止	△500	継続	200	△300
	独身の会交流事業	300	廃止	△300	廃止	—	△300
	消防施設整備事業	3,465	要望により実施	0	要望により実施	0	△3,465
	非常消防団運営費	18,038	団員報酬：20％削減 需用費：20％削減	△1,864	団員報酬：20％削減 需用費：20％削減	15,359	△2,679
	税金前納報奨金	800	廃止	△800	廃止	—	△800
	納税組合補助金	953	補助率削減	△155	継続	611	△342
	泰阜村たばこ組合補助金	30	補助金削減	△5	廃止	—	△30
	計	32,576		△4,274		24,070	△8,506
ごみ・水道・交通安全	カーブミラー設置事業	350	20％削減	△70	20％削減	126	△224
	チャイルドシート購入補助金	200	20％削減	△40	継続	50	△150
	交通安全協会村支部補助金	540	20％削減	△108	補助削減。250	250	△290
	泰阜村飲料水供給施設事業補助金	100	小規模飲料水供給事業補助：30％削減	△30	継続	100	0
	不燃物処理場整備事業	1,113	20％削減	△222	継続	0	△1,113
	生ゴミ処理機購入補助	300	20％削減	△60	20％削減	50	△250
	ごみ収集袋・カレンダー作成	210	継続	0	継続	1,427	1,217
	ごみ収集委託料	6,185	継続	0	削減努力により減額	5,209	△976
	老朽給水管更新	3,042	20％削減	△608	継続	0	△3,042
	水道会計一般運営費補助	2,000	20％削減	△400	補助ゼロ	0	△2,000
	計	14,040		△1,538		7,212	△6,828
介護・福祉・帰国者	中国帰国者生活指導員派遣事業	346	20％削減	△69	継続	252	△94
	戦没者開拓犠牲者追悼式、帰国者大会	316	20％削減	△63	継続	294	△22
	飯伊日中友好協会泰阜支部補助	150	20％削減	△30	3分の1削減。予算100	100	△50
	在宅福祉シンポジウム	1,500	2003年度のみ	△1,500	2003年度のみ	—	△1,500
	福祉大会	1,873	20％削減	△374	継続	1,202	△671
	敬老祝い金	750	30％削減	△225	80歳の祝い金は廃止	650	△100
	社会福祉協議会委託料	27,000	20％削減	△5,400	継続	12,639	△14,361
	高齢者独居老人住宅改修事業	170	20％削減	△34	20％削減	136	△34
	老人クラブ補助金上乗せ	100	20％削減	△20	20％削減	36	△64
	高齢者にやさしい住宅改良事業	1,050	県補助対象者以外の者350千円を削除	△350	単独事業は継続してあるが、近年実績なし	2,240	1,190
	介護慰労金	450	今年度最終のため廃止	△450	廃止	—	△450
	介護保険在宅利用自己負担扶助	6,072	継続	0	継続	5,400	△672
	介護保険在宅利用上乗せ支給	10,000	継続	0	継続	8,400	△1,600
	介護予防拠点施設運営費	6,072	継続	0	継続	7,933	1,861
	高齢者支援ハウス運営費	1,676	継続	0	継続	1,749	73
	計	57,525		△8,515		41,031	△16,494

分野	項目	2003年度予算額	見直し案	削減予定額	実際の見直し等	2013年度予算額	2003年度予算との差額
保健衛生・医療給付	予防接種	1,917	医師会の規定等による	△228	医師会の規定等による	3,708	1,791
	結核健診	31	継続	0	継続	11	△20
	基本健診	675	20% 削減	△135	20% 削減	300	△375
	母子健診事業	400	継続	0	継続	1,225	825
	誕生祝い金	30	廃止	△30	廃止	—	△30
	健康家族表彰	70	20% 削減	△14	廃止	—	△70
	がん健診	490	20% 削減	△98	継続。結果的に減	0	△490
	乳幼児福祉医療給付事業	1,190	20% 削減	△238	継続	1,600	410
	児童福祉医療給付事業	189	20% 削減	△37	継続	1,650	1,461
	精神障害者医療給付事業	48	20% 削減	△9	継続	700	652
	重度心身障害者医療給付事業	24	20% 削減	△4	継続	200	176
	母子医療給付事業	192	20% 削減	△38	継続	610	418
	父子医療給付事業	12	20% 削減	△2	継続	10	△2
	育児相談事業	126	20% 削減	△25	継続	14	△112
	乳児ふれあい体験事業	30	20% 削減	△6	20% 削減	0	△30
	計	5,424		△864		10,028	4,604
農林・商工観光	都市農村交流	464	講師料・20% 削減	△92	廃止	—	△464
	村単環境整備対策事業	2,993	宅地 80%、農地 50%	△500	継続	1,565	△1,428
	やまびこ館運営費	24,614	使用料の増額：1130、経費削減(3%)：410	△1,540	民間委託により経費削減	6,561	△18,053
	商工業振興事業補助金	7,000	補助率見直し：20% 削減	△1,400	制度の見直し	7,304	304
	林道維持修繕事業	1,000	20% 削減	△200	年度により予算増減	1,125	125
	農林業振興総合対策事業	3,800	生コン：8/10 は 6/10 に　基盤等：5/10 は 4/10 に	△535	生コン：8/10 は 5/10 に　基盤等：5/10 は 4/10 に	3,794	△6
	有害鳥獣駆除事業	1,890	20% 削減	△378	報償費の減額したが、現在は増額	7,090	5,200
	農地流動化促進事業	500	継続	0	継続	550	50
	泰阜村農業者年金協議会補助金	40	継続	0	補助金を伴う活動がないため、現在は0円	0	△40
	あいパーク管理・運営費	7,779	継続	0	費用対効果を意識した取り組みを続けている	10,119	2,340
	計	50,080		△4,645		38,108	△11,972
道路建設・修繕・防災	道路愛護会育成費	1,350	補助率見直し：20% 削減	△270	一時は 50% 削減したが、現在は復元	1,416	66
	村道維持修繕事業	16,897	維持修繕工事：10000 原材料費：3000	△3,897	継続・最小限の維持修繕のみ	3,050	△13,847
	村単道路改良事業	13,500	20% 削減	△2,700	年度により予算増減	21,000	7,500
	村単交通安全施設整備事業	1000	20% 削減	△200	年度により予算増減	100	△900
	橋梁補修工事	200	労務費・材料による補修	△100	継続	200	0
	生活環境防災事業	500	補助率見直し：9/10 を 7/10 に	△110	補助率 80／100	0	△500
	緊急車両対策事業	244	補助率見直し：資材 8/10 は 6/10 に	△60	補助率 50／100	0	△244
	過疎対策道路改良事業	99,161	20% 削減	△19,800		22,000	△77,161
	計	132,852		△27,137		47,766	△85,086
教育・小中学校運営	中学生国際交流事業	1,163	20% 削減	△233	継続。結果的に減	0	△1,163
	グリーンウッド遊学センター支援事業	6,700	20% 削減	△1,340	継続	9,072	2,372
	北東アジア子ども自然体験交流支援事業	800	20% 削減	△160	20% 削減	0	△800

分野	項目	2003年度予算額	見直し案	削減予定額	実際の見直し等	2013年度予算額	2003年度予算との差額
教育・小中学校運営	北小学校管理費	23,421	削減：用務員嘱託化（将来）	△3,830	北・南の小学校統合。用務員嘱託化	17,356	△6,065
	南小学校管理費	19,269	削減：用務員嘱託化（将来）	△3,380	北・南の小学校統合。用務員嘱託化	—	△19,269
	中学校管理費	42,654	スクールバス運行：民間委託	その他へ計上	スクールバス運行：民間委託	22,755	△19,899
	北学校給食運営費	10,639	調理師嘱託化（将来）	△3,500	北・南の給食の統合。調理師嘱託化	15,320	4,681
	南学校給食運営費	11,365	調理師嘱託化（将来）	△4,250	北・南の給食の統合。調理師嘱託化	—	△11,365
	外国青年招致事業	4,476	継続	0	継続	4,617	141
	体育施設管理	1,080	委託料：20% 削減	△216	委託料：20% 削減	8,885	7,805
	計	121,267		△16,909		78,005	△43,262
生涯学習・文化財保護	生涯学習アドバイザー設置事業	3,433	継続	0	継続	3,273	△160
	高原ロードレース大会	1,500	20% 削減	△300	継続	1,200	△300
	年輪式	250	20% 削減	△50	継続	100	△150
	子ども長期体験村事業	900	20% 削減	△180	継続	0	△900
	短歌フォーラム事業	2,761	廃止	△2,761	継続	1,000	△1,761
	学芸員設置事業	3,433	継続	0	廃止	—	△3,433
	公民館事業委託費	4,364	20% 削減	△872	継続	3,295	△1,069
	公民館グループ育成補助金	400	廃止	△400	継続	700	300
	泰阜村塾	1,000	20% 削減	△200	20% 削減	926	△74
	泰阜村体育協会補助金	300	廃止	△300	継続	700	400
	青年団育成助成金	100	20% 削減	△20	20% 削減	40	△60
	市町村対抗駅伝	139	20% 削減	△28	継続	350	211
	文化財標識等設置工事	530	20% 削減	△106	必要に応じ増減	126	△404
	くれ木踊り維持管理委託料	100	20% 削減	△20	保存会がなくなったため、廃止	—	△100
	ブックスタート	48	20% 削減	△10	継続	46	△2
	花いっぱい事業	389	20% 削減	△78	継続	860	471
	読み聞かせ事業	200	20% 削減	△40	継続	180	△20
	婦人会補助金	150	廃止	△150	廃止（婦人会解散）	—	△150
	計	19,997		△5,515		12,796	△7,201
小　計		433,761		△69,397		259,016	△174,745
職員等人件費・物件費	特別職人件費（村長、収入役・教育長）	34,874	20%、5～10% 削減	△3,766	予算ベースは規定どおり、現在は5～7% 削減	29,241	△5,633
	一般職人件費	277,402	H15 人勧による削減：7464 人件費８人分（H25まで）：42610	△50,074	H25 年度職員数：H15 年度から６人減	290,366	12,964
	物件費（需用費のみ）（選挙費、南北保育所費、南北診療所運営費、山村施設、消防食料費は除く）	69,375	需用費：5% 削減	△3,468	一時的には 20% 削減	77,326	7,951
	計	381,651		△57,308		396,933	15,282
非常勤特別職報酬	非常勤の監査委員	412	日額報酬削減	△85	現状維持	337	△75
	選挙管理委員	276	日額報酬削減	△57	現状維持	143	△133
	教育委員	613	１名減、月額報酬削減	△124	現状維持	660	47
	農業委員会委員	1,597	２名減、月額報酬削減	△322	現状維持	1,386	△211
	福祉委員	781	日額報酬削減	△162	現状維持	463	△318
	非常勤の公民館職員	1,362	年額・日額報酬削減	△281	現状維持	905	△457

分野	項目	2003年度予算額	見直し案	削減予定額	実際の見直し等	2013年度予算額	2003年度予算との差額
非常勤特別職報酬	行政連絡員	2,144	出勤日当・戸数割削減	△438	現状維持	1,384	△760
	保健補導員	414	出勤日当・戸数割削減	△105	廃止	—	△414
	校医（歯科・耳鼻科）・薬剤師	372	現状維持	0	現状維持	390	18
	その他の委員	1,559	日額報酬削減	△323	現状維持	1,008	△551
	計	9,530		△1,897		6,676	△2,854
保育所・バス等運営費	北保育所運営費（上段：人件費、下段：物件費）	48,229	民間委託を視野に、村費持ち出し分を20000千円程度に抑える	△10,000	北・南の保育所統合	34,911	—
				△5,700		25,043	—
	南保育所運営費（上段：人件費、中段：物件費、下段：維持費）	28,891		△8,000		—	—
				△2,800		—	—
				△400		—	—
	南診療所運営費（上段：物件費、下段：繰出金）	30,252	廃止（人件費：削減なし）	△4,738	廃止。北診療所と統合	—	—
			繰出金（医薬品費）：10% 削減	△1,173	統合により統合後の診療所へ繰出	26,000	26,000
	山村振興施設管理費（やまどり館、若者センター）	2,025	民間委託：現在使用している団体に委託	△632	民間委託：現在使用している団体に委託	4,473	2,448
	中学校スクールバス運行経費	6,937	民間委託。20% 削減を仮定	△4,600	民間委託実施・経費5% 減	10,757	3,820
	福祉バス運営委託料	8,842				5,118	△3,724
	保育園通園バス委託料	7,217				8,101	884
	計	132,393		△38,043		114,403	△17,990
小　計		523,574		△97,248		518,012	△5,562
合　計		957,335		△166,645		777,028	△180,307

出所：泰阜村『やすおか自律への道～泰阜村自律（立）構想～』（2003 年 9 月）及び泰阜村資料より作成

実質単年度収支は 2009 年度から 3 年間連続でプラスとなっています。また、実質公債費比率は 2001 年度の 28.2 から 2011 年度の 13.3 へと大幅に改善しています。泰阜村は 2001 年度当時、公債費負担に苦しんでいましたが、高金利の公的資金の繰上償還が認められたことから 2007 年度から 2010 年度まで普通会計で約 4.8 億円の繰上償還をおこなったため、実質公債費比率が改善したのです。

以上のように、泰阜村は厳しい財政状況から他自治体並の財政状況まで改善しつつ、在宅福祉をはじめとした村独自の事業・サービスを継続させてきました。さらに、ふるさと思いやり基金の創設、IU ターンの促進、「じりつ教育」の推進、特産品の開発、農産物の直売など、新たな地域づくりのチャレンジが行われています。

本節は、小規模自治体の自律（自立）プラン策定から約10年が経過した現在における検証を、長野県泰阜村の事例を中心に行いました。「合併しなければ財政破綻する」と脅された小規模自治体において、むしろ財政改善が進んだという事実を確認するとともに、住民生活を守るための優先順位を明確にした計画と実際の見直しを進めたことや、地域に合った事業やサービスのあり方を追求したことが確認されました。

さらに、小規模自治体の存立にかかわっては、自治体間連携や都道府県の役割を、市町村補完・支援機能および、地方自治の抑制、媒介、参加の観点から考える必要があります。

2 自治体間連携のあり方と都道府県の役割

「地方創生」政策の「創造的破壊」と内発的発展との対立軸は、集権・競争型自治か分権・協調型自治かという対立軸に相通じます。日本における自治体間連携のあり方は、中央集権的な手法で競争型自治を促進するとともに、大都市や拠点都市への「選択と集中」を図る傾向にあります。これでは大都市や拠点都市が維持されても、周辺地域や小規模自治体の存立条件を弱める方向に作用します。

「地方創生」政策が、農山村の自治の空洞化や地域そのものの衰退を促進するとすれば、農山村自治体の立場からは自治を守り、内発的発展および都市・農村共生・連携を貫くことによって「地方創生」の「罠」を克服することが課題となるでしょう。

内発的発展は、必ずしも自己完結型自治を条件としません。農山村地域の視点を考慮すれば、むしろ、内発的発展は、住民・地域団体や基礎的自治体の自己努力を基盤としながら、都道府県やその出先機関による補完・支援や自治体間連携を位置付けるものです。また、都市自治体や都市住民との連携・ネットワークを含む、多様な連携・ネッ

図8－④　都道府県と市町村における職員数と事務の範囲（1974年と2018年の比較）

○市町村合併の進展、地方分権改革による権限移譲、家族や地域が担ってきたサービスの社会化など社会構造の変化による市町村が担う対人サービスの拡大によって、市町村の規模能力が全般的に拡大。また、地方行政改革が進み、民間委託・指定管理者制度の活用やNPOとの協働などの外部資源の活用も進展。こうした要因によって、都道府県の事務の範囲、職員数は縮小。
○都道府県と市町村の職員数（一般行政部門）の比は、1:2（昭和49年）から、1:3（平成30年）となり、市町村の職員数の割合が高まっている。

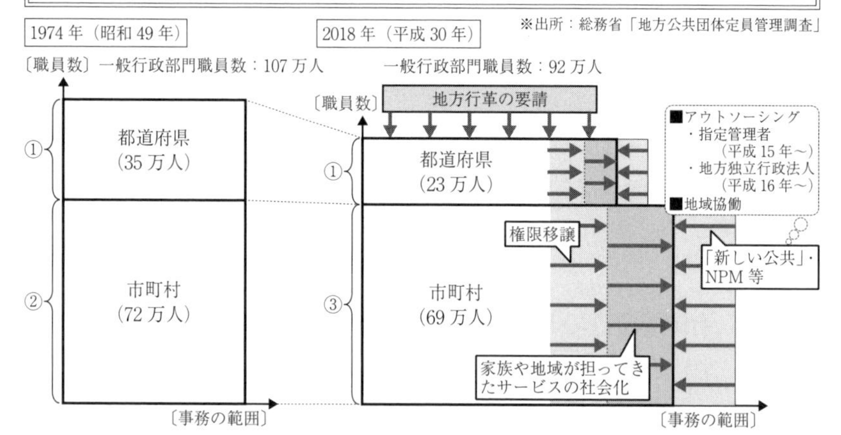

出所：第32次地方制度調査会専門小委員会資料（2019年12月6日）

トワークを重視します。

全ての都道府県では、程度の差はありますが域内に都市部と農村部を含んでおり、都市と農村のそれぞれの独自性を認めながら共生・連携を図っていくことが求められます。その際、都道府県による都市自治体と農村自治体との間の行財政や政策の調整機能が重要になります。

都道府県は、「地方創生」政策の登場する以前においては、市町村合併の推進や地方行革の推進などの国の政策の「下請け」を担ってきた側面がありました。それに対して、「地方創生」政策と自治体間連携促進策においては、集権・競争型自治を支える方向での府県の機能が発揮される面がある一方、集権・競争型の弊害を修正・調整しながら自発的な市町村間の連携を調整・支援する分権・協調型自治の方向での機能を発揮する可能性があります。

ただし、長年の地方行革や三位一体改革のなかで、都道府県の一般行政部門職員数は著しく減少しており、市町村の職員数よりも減少幅が大きくなっています（図８－④参照）。

そのため、多くの都道府県では出先機関の統廃合を進めてきました。なかには、出先機関の統廃合を契機に総合的出先機関としての政策的機能を拡充する例もみられました（水谷・平岡 2018、参照）。それでも大幅な職員削減のなかで、都道府県の市町村支援・補完機能を発揮するうえでの組織力の低下は否めません。

３　長野県における自治体間連携

分権・協調型自治の方向での都道府県機能を発揮する手がかりとなる自治体間連携の事例として長野県の事例を紹介、検討してみましょう。

長野県における市町村間連携の特徴として、県内全市町村が広域市町村圏ごとに形成された10の広域連合のいずれかの構成市町村になっていることがあげられます。10広域連合のエリアである広域市町村圏は同時に長野県の10地域振興局の管轄エリアでもあります。

長野県においては、定住自立圏や連携中枢都市圏についても広域市町村圏のエリアがそのまま構成市町村となる場合があります。北信地域定住自立圏、南信州定住自立圏、長野地域連携中枢都市圏がその例にあたります。広域市町村圏エリアを中心に若干構成が変化している例として、上田地域定住自立圏、佐久地域定住自立圏があります。また、伊那地域定住自立圏の場合は伊那市が中心市でありますが、駒ケ根市は入っていません。市町村のなかには複数の定住自立圏・連携中枢都市圏に参加しているケースもみられます。また、県境を越えた例として、上田地域定住自立圏への群馬県嬬恋村の参加、山梨県北杜市を中心市とする八ヶ岳定住自立圏への長野県富士見町、原村の参加があります。この他、松本市において連携中枢都市圏の前提となる中核市への移行が検討されています。

長野県内の広域市町村圏において、定住自立圏の条件を満たす中心市が存在しない圏域として大北地域と木曽地域があります。長野県は2017年度予算において、県独自の新たな広域連携の仕組みとして連携自立圏を導入しました。対象となる地域は広域連携に対する国の支援制度（連携中枢都市圏や定住自立圏）が適用されない地域であり、財政支援の内容は、中心市1500万円、連携町村500万円を上限（交付率2分の1以内、期間は2019年度までの3年間）として措置しました。具体的には大北地域に適用され、大町市を中心市とする北アルプス連携自立圏が形成されました。また、木曽地域には市が存在しないため、連携自立圏の検討を含め、どのような広域連携の仕組みを入れるかは今後の課題となっています。

こうした長野県独自の自治体間連携の仕組みの導入にいたる過程において、2015年2月に設置された「自治体間連携のあり方研究会」での検討がありました。同研究会は県市町村課が事務局を担い、県企画振興部長が座長となり、委員として県内市町村、広域連合の企画担当課長、県総合政策課長・市町村課長・地域振興課長が参加しました。同研究会が発足した背景には2014年度地方自治法改正に伴い、連携中枢都市圏など新たな広域連携の仕組みが示され、自治体間の連携協約が制度化されたことがあります。2016年3月に出された同研究会のとりまとめでは、まず長野県における広域連携の現状を以下のように整理しています。第一に、共同処理方式については、長野県においては全市町村がいずれかの広域連合の構成団体になっていることから、広域連合による共同処理の割合が高くなっています。第二に、連携中枢都市圏・定住自立圏等については、上でみたように連携中枢都市圏が1圏域、定住自立圏が6圏域で形成され、さらに大北地域では県独自の仕組みとして連携自立圏が形成されました。次に、人口減少社会に対応した行政運営のあり方について県内77市町村に対して県が行った調査によると、7割以上の市町村が「早急に対応が必要」と回答し、3割を超える市町村が「広域連合等の事務拡大」、「近隣市町村との連携」と回答したことが紹介されています。また、定住自立圏では「医療提供体制の整備」等が効果をあげているとの回答が多く、定住自立圏に取り組んでいない市町村の多くが、中心市と「連携内容がニーズに合致すれば取り組みたい」と回答していることが紹介されています。

同研究会とりまとめでは、市町村の事務執行において活用可能な自治体間連携の制度・仕組みとして5つの制度類型を整理しています（表8－④参照）。そこでは、水平補完（市町村間）の形態として、①連携中枢都市圏、定住自立圏、②広域連合、一部事務組合、③事務委託、事務の代替執行、機関の共同設置等、の3つの制度・仕組みのタイプをあげており、さらに垂直補完（県・市町村間）の形態として、④「事務委託、事務の代替執行、機関の共同設置等」の制度・仕組みをあげています。さらに市町村単独の形態として、⑤「小規模町村などに対して県が個別支援」という仕組みをあげています。

そのうえで、自治体間連携のあり方に対する基本的な考え方として、様々な選択肢の中から市町村が最も適した仕組み（取組）を自ら選択することが原則であるとし、市町村で執行される事務と枠組みに関する図8－⑤のイメージを示しました。そこでは、市町村の独自性が発揮される事務や窓口サービスなどの対住民サービスは市町村ごとに事務執行すると位置付けられています。一方、圏域の特徴を活かして対応する取り組みや事務を超えた政策面での連携が図られる事務については、連携中枢都市圏、定住自立圏等の枠組みが位置付けられ、また、スケールメリットを生かせる事務、専門性が必要な事務については、広域連合、一部事務組合、事務の委託、事務の代替執行等の枠組みが位置

表8－④　長野県における自治体間連携の５つの制度・仕組み

形態	制度・仕組み等	内　容	県内での事例
水平補完 （市町村間）	連携中枢都市圏、定住自立圏	・連携中枢都市圏又は中心市が事務を執行 ・「連携協約」または「定住自立圏協定」に基づき役割分担 ・連携市町村間で定期的に協議を実施 ・圏域の特徴を活かして対応する取組や事務を超えた政策面での連携で活用	南信州定住自立圏、上田地域定住自立圏、佐久地域定住自立圏、北信地域定住自立圏等
	広域連合、一部事務組合	・広域連合又は一部事務組合（別組織）で事務を執行 ・議会及び執行機関たる連合長（管理者）を設置 ・スケールメリットを生かせる事務や専門性が必要な事務とすることが適当	上田地域広域連合、長野県後期高齢者医療広域連合、北佐久郡老人福祉施設組合等
	事務の委託、事務の代替執行、機関の共同設置、等	・補完する事務は、相対で検討・決定 ・受けて側で、同種の事務を執行していることが必要 ・県による垂直補完は、県がもっている専門性が生かされる事務とすることが適当 ・事務執行に要する費用は、事務を委ねる側が負担	公平委員会、住民票写し等の交付事務等
垂直補完 （県・市町村間）	事務の委託、事務の代替執行、機関の共同設置、等		事例なし
市町村単独	（小規模町村などに対して県が個別支援）	・市町村自らの責任において、事務を執行 ・県は必要に応じて、小規模町村などに対し、専門的・広域的な見地から、行財政運営や施策の企画・実施等のための個別支援を実施	（行財政運営サポート、職員派遣）

出所　長野県「自治体間連携のあり方研究会とりまとめ」（2016年３月）

付けられています。

また、研究会とりまとめでは、広域市町村圏を基本単位（基本プラットフォーム）として、広域連合（1階）と連携中枢都市圏・定住自立圏等（2階）の２層構造のイメージを図8－⑥に示しました。

また、自治体間連携を推進するための県の役割として、取組を積極的にバックアップすることとともに、市町村間連携で十分に対応できない課題に対して県による補完の必要性を検討するとしています。

長野県における自治体間連携は、広域市町村圏、県地方事務所（現・

図8－⑤　市町村で執行される事務と枠組み（イメージ）

事務の性質	市町村　連携市町村	事務執行の枠組み	事務の種類と主な事務
独自		市町村ごと	【市町村の独自性が発揮される事務】 (例)まちづくり、地場産業の振興
	自治体間連携	連携中枢都市圏 定住自立圏等	【圏域の特徴を活かして対応する取組や事務を超えた政策面での連携】 (例)医療・福祉、公共交通、経済活性化
		広域連合 一部事務組合 事務の委託、事務の代替執行等	【スケールメリットを生かせる事務、専門性が必要な事務】 (例)ごみ処理、し尿処理、消防、介護認定
共通		市町村ごと	【窓口サービスなどの対住民サービス】 (例)住民票の交付、税の賦課徴収

出所　長野県「自治体間連携のあり方研究会とりまとめ」(2016年3月)

図8―⑥　長野県における市町村間連携のフレーム

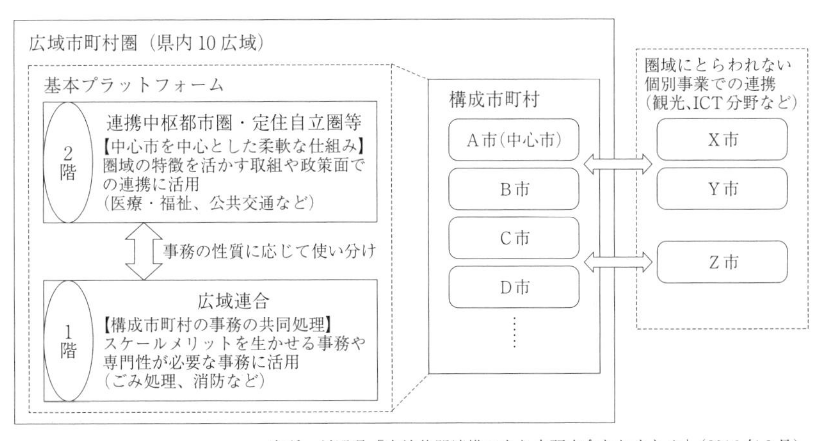

出所　長野県「自治体間連携のあり方研究会とりまとめ」(2016年3月)

地域振興局）管轄地域および広域連合の構成市町村エリアが一致する条件のもとで、広域市町村圏を基本として、1階にあたる広域連合等とともに、事務のあり方に応じた最適な仕組みの観点から2階にあたる市町村間の自主的な連携の取り組み（連携中枢都市圏・定住自立圏等）を県がサポートするものであることを紹介しました。これらの取組は、市町村間、あるいは県と市町村との間の対等性を確保しながら自発的な取り組みとして進められる限りでは、市町村合併や道州制につながる制度というよりむしろ、市町村自治を補完する制度として位置づけられるものと評価できるでしょう。また、2層の自治体間連携と市町村自治、都道府県出先機関などが全体として「自治の総量」を構成しているものとみることもできます。ただし、その際、地域の総合性の観点からの検討や住民合意のプロセスの確保が求められる点は再度強調しておきます。

なお、水平補完でまかなうことが難しい課題に対する県の補完に関する検討については、県・市町村連携作業チームを設置して、そのもとに部会を置き、検討を進めていくことになっています。今後の検討と具体化が注目されます。

4　自主的な市町村間連携と都道府県による市町村補完の発揮を

自治体間の広域連携を図るうえで、連携中枢都市圏や定住自立圏を圏域行政の法制化によって強制する必要はありません。むしろ、一部事務組合や広域連合といった現行の自主的・対等な水平連携および都道府県による市町村補完の仕組みの活用を基本とすべきです。広域連合と都道府県による補完を最も活用しているのが長野県です。長野県においては、10の圏域全てにおいて広域連合が形成され、介護保険、消防、介護施設、廃棄物処理施設等の共同化が図られるとともに、県の総合出先機関が設置され市町村支援・補完を行っています[18]。そのうえで、丁寧な合意形成のうえで定住自立圏や連携中枢都市圏が取り組まれ、個々のサービス等の連携がプラスされています。水谷（2019）

18　長野県の広域連合については、小原他（2007）、参照。

は、このような重層的な自治体間連携について、「多元・協働型自治」モデルにおける「圏域自治」として描いています。長野県の事例を参考に、集権的な「圏域行政」ではない自治体間連携を進めていくことが求められているのです。

現行の連携中枢都市圏や定住自立圏の制度については、全国町村会から問題点・限界が指摘されています。全国町村会の「意見」(2020年4月23日、第32次地方制度調査会専門小委員会提出資料）では、上でみたように、連携中枢都市圏は、財源・権限の中心都市への集中や、団体規模・地域事情・地理的条件等の違いを柔軟・機動的に考慮できない問題があり、現場でのニーズやメリットが感じられないとしています。また、連携中枢都市圏やそれを法制化しようという考え方に中心都市の都市機能を維持することに主眼を置く発想があるのに対して、全国町村会は合併推進の発想と同じだと批判しています（2019年5月31日、第32次地方制度調査会第17回専門小委員会提出資料)。

全国町村会の「意見」では、町村の役割とこれからの連携協力についても考え方を示しています。第一に、これからの国土のあり方として、「都市地域、農山漁村地域など多様な地域が自律・分散しながらも、それぞれが重層的につながりを持つ国土構造」がめざすべき姿だとしています。そのなかで、町村は、伝統・文化の継承、食料やエネルギーの供給、水源涵養、国土の保全、都市と農山漁村との交流促進などの重要な役割を果たすとともに、災害・危機管理への対応として、都市住民の生存や都市機能をバックアップする重要な役割があるとしています。

第二に、「自律・分散」と「多様な連携協力関係」の構築です。町村にとって、町村内の多様な主体との連携や市町村間の「横の連携」、都道府県や国との「縦の連携」がますます重要になりますが、それは、それぞれの行政主体の自主性・自律性のもとでの十分な機能発揮が前提だといいます。

この考え方は、水谷（2019）の「多元・協働型自治」モデルと通底しながら、さらに、その前提として「自律・分散」を強調することにポイントがあります。

小規模自治体の存立にとって都道府県の役割は重要です。都道府県の機能についてあらためて整理してみましょう。

まず、都道府県の存立基盤、あるいは存在意義の原点として、都道府県の歴史・風土と県民意識（共同意識）の独自性があげられます。また、都道府県の機能として一般的には地方自治法の規定に沿って、①広域行政機能、②市町村補完、③連絡調整機能の３つで整理されます。このうち市町村補完機能については、「その規模又は性質において一般の市町村が処理することが適当でないと認められるものを処理する」とされていますが、市町村行政を積極的に支援する機能を含むものと解釈できます。ここでは、①広域行政機能と②市町村補完・支援機能の２つについてみましょう。

第一に広域行政機能としては、市町村の区域を超える広域的なインフラ、医療、防災、環境保全、産業振興などの機能があります。ただし、府県を超えた広域行政課題はそれほどないのであり、広域災害等には協議会や共同処理方式で対応可能といえます。

第二に市町村補完・支援は都道府県の主要な機能であり、広範囲に及んでいます。一定の市町村合併が進んだ今日においても市町村補完・支援機能は依然として重要であり、都道府県でこそきめ細かい市町村補完・支援が可能となっています。また、都道府県は中央省庁と市町村や地域との間で複雑かつ多岐にわたる調整を含む媒介機能を果たしています。また、優れた市町村や都道府県の取り組みは国の政策にフィードバックされ、政策イノベーションにつながります。

市町村補完・支援機能の例としては、産業振興、中小企業支援、農林漁業振興、公害防止、環境保全、高等学校・研究所等の設置管理、消費生活安全センター、防犯まちづくり、DV 対策、就労支援などがあげられます。長野県の市町村自律支援も市町村補完・支援機能の発揮の優れた例です。また、市町村補完・支援機能について京都府を例にあげれば、命の里事業、京都式地域包括ケアシステム、地域力再生プロジェクトなどがあげられます[19]。

都道府県の役割については、以上のような機能論だけでなく、政治的機能あるいは民主主義の観点からの位置づけが重要です。この点について、水谷（2010）は辻清明の地方自治の機能としての「抑制」「媒介」「参加」の議論を援用して論じています。水谷の整理に依拠すれば、第一に、抑制機能は中央政府の画一的な規制や過剰な介入を抑制する「防波堤」の役割と、国家からの地域の多元性を保持する「自由の培養器」の機能などです。第二に、媒介機能は中央省庁に対して、府県や地域の状況に応じた諸利害の「政治的調整」機能、「行政サービスの総合化」機能、および自治体がイニシャティブを発揮して国の政策転換などを促進する「実験室としての地方自治」の機能です。第三に、参加機能は住民自治と関連し、国政における「基盤性」をもちながら団体自治を支える機能と、地域民主主義の実践を積むなかでの市民教育の機能です[20]。

このことを踏まえると、都道府県はその出先機関の機能を含め市町村に「近い」広域自治体であり、市町村を補完・支援するとともに、国の政策を市町村の状況や地域のニーズに合わせて調整したり、国による過剰な介入や問題のある政策による悪影響から市町村や住民生活を守ったりする「防波堤」としての、あるいは地域や市町村、あるいは都道府県の優れた実践をフィードバックすることによって国の政策

19 これらの施策についてはとりあえず京都府のウェブサイトおよび以下を参照。水谷（2013）、佐藤（2014）、真山他（2010）。

20 水谷（2010）、104-117 ページ。

転換を促進する役割（媒介機能、抑制機能）をもっているのです。また、都道府県は市町村における参加機能とともに、政治的民主主義、自治の単位としての重層的な住民参加を促進するのです。

これらの都道府県の役割について具体事例を通じて整理すると、まず抑制機能の例としては、田中県政下の長野県による市町村自律（自立）プランの支援があります。長野県は国による市町村合併の強力な推進による弊害を是正し、「合併推進の嵐」のなかで小規模自治体の自治を守る「防波堤」の役割を果たしたのです。その他には、福島県の復興ビジョンにおいて脱原発の姿勢を示したことがあげられます。このことは、原発再稼働に傾斜する中央政治の動向に対して、原発災害の被災自治体としての抑制機能を発揮したものであると位置づけられます。

次に媒介機能の例としては、岩手県の震災復旧・復興方針において、リアス式海岸に点在する漁村・漁港における生活と生業の一体性を重視し、中央経済界が求める漁港の集約化ではなく、全漁港の復旧と漁協を核とした復興を目指したことがあげられます。

また、参加機能の例としては、先にみた長野県が4町村と共同で行った市町村「自律」研究をあげることができます。この事業は町村が都道府県の取り組みに参加することによって、小規模町村を維持する展望や県による町村への支援策につながりました。また、京都府の府民参加型整備事業があげられます[21]。本事業は府民が直接、府に対して道路・河川施設等の整備について提案できる制度であり、住民の安心・安全に係わって、住民が感じる課題を掘り起こし、対策につなげたり、公共事業への住民参加によって、住民の意識向上が図られたりすることが期待されています。

これらはほんの一例に過ぎず、包括的な分析が求められるところで

21　平岡（2013）、参照。

すが、市町村自治や住民生活にとって、都道府県の存在意義は大きいものであることが確認されます。このことの十分な検討と理解なしに都道府県の機能縮小論や道州制論に傾斜することには疑問が大きいと言わなければなりません。一方では、都道府県は「ミニ霞ヶ関」として、たとえば国の市町村合併推進の執行機関としての役割を果たし、その意味では都道府県が町村自治破壊や地域破壊を促進するという問題もあります。都道府県の中央政治・行政の下請機関化を転換する課題は大きいといえます。しかしながら、都道府県を廃止し、道州制を導入することは、抑制・媒介・参加のいずれの機能も麻痺することにつながるおそれがあります。むしろ、国・地方制度の基本的枠組みを徒に改革するのではなく、中央政治・行政の下請機関化することによる抑制機能や媒介機能の機能不全を克服し、住民参加や市町村自治を基盤とした地方自治の機能を発揮するための都道府県の役割の実質化が求められます。

9. 自治体現場に求められる政策分析

自治体において公共部門の役割を変質させる政策が多方面にわたっていることから、自治体の首長、職員や議会はその政策判断を迫られます。何より住民生活や地域社会に大きく影響する問題に対して主権者である住民が知り、判断しなければなりません。本章では、現場において地方行財政を評価するための政策分析を進めていくうえでポイントとなる観点について考えます。

1 自治体の活動と公共性

これまで見てきたように、新自由主義、財政再建論および人口減少社会危機論を背景とした緊縮政策の影響から、自治体現場において公共部門の役割を変質させる政策が多方面にわたって進行しています。特に、第6章でみたように、総務省は地方行政サービス改革を推進しており、業務の標準化・効率化や民間委託の活用などの業務改革を自治体に促しています。それに対して、現場で対応しなければならない自治体職員は問題をどう認識し、どう判断し、現場の判断にもとづいてトップマネジメントへのフィードバックを行えばよいのでしょうか。また、自治体の首長、住民や議員は公共部門を変質させる政策をどう認識し、どう判断し、どう対応すればよいのでしょうか。

政策とは、政府が社会的な課題を解決する方向性を指します。政策の構造とプロセスを単純化してみると、まず課題設定を行い、それにもとづいて政策を立案します。政策の構成要素として、①目的、②手段、③主体の3要素は欠かせません（宮本1998、参照）。次に政策にもとづいて施策を策定し、最後に施策を進めるための事務事業を確定するというプロセスをとります。そのうえで、PDCA（Plan・Do・Check・

Action）サイクルを回していくことが求められます。

政策の手段は、公共施設整備、公共サービス、ソフト施策、制度・規制的手段、経済的手段（課徴金、補助金など）などがあります。政策目的を実現するための目標を設定し、その目標を達成するために適切な手段を選び取らねばなりません。また、政策を進める主体を明確にすることが求められます。

政策の妥当性を評価するための政策評価は、政策の実施後に行うだけでなく、事前に行わねばなりません。その際、政策目的の妥当性、手段の妥当性および政策実施主体の評価が必要です。

自治体における公共政策を評価する場合、政策評価の前提としての公共性（公共サービス等の必要性）の評価を行うことが大切です。そのためには公共性を評価するものさしを持つことが求められます。公共部門の活動を正当化する基準としての公共性の評価基準には、①共同社会的条件（社会資本）、②共同消費性、③人権保障、④公共信託財産、⑤公民性、⑥地域の内発的発展、といった項目が入ると考えられます[22]。

第一に、共同社会的条件とは、人間社会に共通して必要な物的基盤であり、現代資本主義社会においては社会資本と呼ばれています。社会資本は社会的生産手段と社会的生活（消費）手段からなります。社会的生産手段は道路、港湾、工業用水、産業廃棄物処理施設などがあり、社会的生活手段には、上下水道、一般廃棄物処理施設、教育施設、福祉・医療施設などがあります（宮本 2007、52 ページ、参照）。

第二に、共同消費性とは家計や企業等が市場で調達することができないか、もしくは調達できたとしても非効率になるような財・サービスが存在することを意味します。そのような財・サービスには公共性があり、公共部門が関わることが正当化されます。行政の効率性には、単なる内部効率性だけでなく、総合行政による効率性や住民ニーズの

22　その他、警察、徴税、戸籍・住民基本台帳事務といった統治・管理に関わる事務があります。

観点での外部効率性が含まれます。共同消費性を有する財・サービスには、福祉、教育、医療、公衆衛生、災害対策、環境保全などがあります。ただし、福祉、教育、医療などのサービスは民間からも供給されているため、共同消費性の観点だけでみると公共サービスの公共性は狭くみられてしまうおそれがあります。

第三に、人権保障であり、基本的人権保障は憲法が国民に保障するものであり、国とともに自治体も基本的人権保障に対する責任を負います。福祉、教育、医療などの基礎的サービスは、人権保障の要であり、市場に委ねてしまえば全ての市民が格差なく公平に享受することが保障されません。また、住民の安全を保障するための環境保全、災害対策、公衆衛生などの基盤的サービスも不可欠です。さらに具体的な自治体の施策の例をあげると、男女共同参画、多文化共生、障がい者施策、生活保護、子どもの貧困対策などがあげられます。

第四に、公共信託財産の考え方であり、環境・資源の保全、景観、文化財保全などが当てはまります。それらは市民全体の財産であり、私的独占を排除して公共のために保全されなければなりません。そのためには市場に委ねるのではなく、市民全体の意思を反映して公共信託をしなければなりません。ただし、経済成長を優先しがちな現代資本主義国家においては、公共機関が必ずしも市民の信託に応え、環境や文化財等を保全するとは限りません。それゆえ、公共信託財産を守っていくためには民主主義のもとでの住民運動・市民活動が不可欠となります（宮本 2007、79-108 ページ、参照）。

第五に、公民性であり、善き政治や公共政策を市民が要求し、つくっていくための公民教育の場として学校教育や社会教育の役割が求められます。また、コミュニティ活動や住民参加などを保障する仕組みが求められます。このことは、「民主主義の学校」としての地方自治の役割とも関連します。

第六に、地域共同社会と地方自治を基盤とした地域の内発的発展であり、地域の総合性を踏まえた内発的発展を図るには団体自治と住民自治を基盤とした自治体の役割が決定的に重要です。

以上のような公共性の評価基準について十分に議論したうえで共通認識とし、公共部門の果たす役割と具体的な政策・施策・事務事業に関する合意形成につなげていくことが求められます。

次に、実施主体の妥当性を評価することが必要です。行政が実施主体となる妥当性に関する評価基準としては、①権力性、②人権保障、③行政専門性、④地域経営、といった項目が考えられます。

第一に、権力性であり、権力性の高い事務事業については行政が直接実施主体となる必要があります。税務、警察、規制業務（公害防止など）などが典型例です。

第二に、人権保障であり、個人のプライヴァシーに関わる業務、生活保護など行政の裁量性が個人の人権保障に深く関わる業務などは、民間の実施主体に任せては確実に人権保障がなされない可能性があります。付け加えれば、利益相反の観点からも民間の実施主体に任せてよいかを判断する必要があります。

第三に、行政専門性であり、公共施設整備、都市計画、公害規制など行政専門性が強く求められる業務があります。行政専門性はいったん外部委託等に変更されれば、行政内部の専門性が失われ、それを取り戻すことが困難になります。行政専門性は多くの場合住民の人権保障と関連していることから、その評価はきわめて重要です。

第四に、地域経営の要としての自治体の役割です。高寄昇三氏は地域経営を次のように定義しています。

「地域経営とは地域社会の中核たる地方自治体を中心として、地域社会が主体性をもって、自ら有する経営資源を最高限度に活用し、地域福祉の極大化をめざす政策実践である」（高寄 1993、10 ページ）

地域が総合的な存在であることの認識にもとづけば、維持可能な地域のために地域経営の観点が重要であり、地域経営の要としての自治体の役割を重視しなければなりません。自治体は、地域経営のために必要な能力と行政事務を維持する必要があります。そのうえで、地域全体は一つの組織ではないため、自治体の行政組織のみならず、多様な地域組織や住民、議会との間の理念や目的の共有化をどう図るかが重要となります。

以上のような実施主体の妥当性の評価基準は、政府が行政の民間化を推進しているだけに、きわめて重要です。

さらに、公共部門が提供する財・サービスについて、全て税で賄うのか、それとも受益者負担をある程度入れるかの判断があります。受益者負担の妥当性を評価するには、共同消費性と私的消費性の度合いをどう評価するかが大切です。たとえば、上下水道事業については、雨水処理のような共同消費性が強いものと家庭用水・排水のような私的消費性が強いものからなっており、税で賄うと同時に、適切な受益者負担を設定する必要があります。この点は外部性の度合いをみる必要があります。たとえば、義務教育、医療のように一定の私的消費性がある場合でも社会全体への外部効果が高いサービスは、基本的に無償あるいは受益者負担を抑制すべきです。

以上のような公共部門の活動を正当化する公共性基準、行政が実施主体となる妥当性の基準および財源負担主体の評価を踏まえたうえで、公共政策の目的および手段に関する政策分析を行うことが重要です。

最後に、公共政策の主体を分析することが重要です。公共政策の主体は地方自治の主体と置き換えてみることができます。地方自治の主体は住民、議会、長および自治体労働者の四者です。白藤博行氏は地方自治の4つの主体を四輪駆動に例えています（白藤 2013、14ページ）。実際には、日本の地方自治においては、4つの主体だけでなく、国の法や行政・政策・財政による自治体へのコントロールが大きく作用します。ですから、4つの主体による四輪駆動を発揮するには地方自治の拡充が不可欠となります。

4つの主体のうち、自治体の政策において、直接選挙で選ばれる長による行政権限の行使が主要な内容を構成します。長の政治・政策スタンスと能力によっては、集権的行政による画一性を克服し、地域特性や住民に即した政策を実施することが期待されます。ですから、長の選挙公約を含めた政策におけるイニシャティブを分析することが求められます。しかし、自治体の長が独善的に政策を進める場合、極めてリスクが高くなります。長による失政が行われたことが明らかになれば選挙の審判を受ければよいというのでは住民の生活権も地域の維持も保障されません。

長による行政権限の行使とともに、原理的には住民を代表とする議会による意思決定は、地方自治の根幹をなします。ですから、議会の各会派の政策上のスタンスや長の政策に対する見解などをみる必要があります。しかし、日本の地方自治においては、長に行財政権限が集中している他、国の行財政や政策情報も長に集中しており、議会の調査能力は十分に対応しているかという問題があります。会派を越えて議会を活性化し、議会と議員の能力を向上させ、あるいはそれをサポートする改革や取組みが不可欠となっています。議会と議員は、住民の代表としての独自の位置づけに基づき、住民との独自のコミュニケーションをつうじて住民ニーズや政策の実態を調査・分析することにより、行政の画一性や官僚主義の弊害を克服し、正当性と合理性をもった政策の実現に資することが期待されます。

地方自治の主権者である住民は、代表を議会に送るだけでなく、自治体行政に直接参加することによって、あるいは、住民団体などを通じて住民の要求を集約し、住民運動によって住民の要求を実現するための政策をつくり、自治体に働きかけることができます。住民運動なしに政策の前進がないことが明らかになった例として環境政策があります。住民運動が力を発揮するには、①運動の要求が正当性と合理性をもつこと、②諸党派、諸階層が連帯し、うまく役割分担すること、③科学にもとづく運動であること、④地方自治体運動であること、が指摘されています（宮本 2007、349-359 ページ、参照）。また、自治体政策の立案、実行、評価のサイクルにおける住民参加は、ステークホルダーである住民が当事者として参加することで政策の実効性や実現可能性が高まることが期待されます。ただし、住民運動と同様に住民参加にもとづく政策形成が正当性や合理性をもつためには、幅広い階層が連帯しながら参加するとともに、学習と熟議によって科学にもとづく政策を目指さなければなりません。

最後に、自治体労働者の役割に注目する必要があります。政策には実効性と実行可能性が伴わなければなりません。そのことを現場で保障できるのは自治体労働者の公務労働に他なりません。しかし、自治体労働者は業務としてその専門性を発揮するだけでは、地域の独自性と住民のニーズに根差した政策の実現に貢献できるとは限りません。ですから、「住民＋議会＋長」による自治と政策に、住民の人権保障を中心とする公共性を重視する、組織された自治体労働者の公務労働が加わることによって、その実効性・実現可能性を保障することが期待されます。

2　自治体行政と政策分析

自治体現場において民間委託や民営化などが議論される場合、以上で述べた観点から検討を進めることが大切です。また、その際、公務労働の役割の再確認から議論を進めることが重要です。

政策分析、あるいは政策評価については、その目的、対象や手法には様々なものがあります。しかし、上記で示した観点は共通して重視すべきものであり、自治体現場に迫られている行政サービス改革にどう対応するかを検討する際に考慮すべきものです。

先に示した公共性の担い手（実施主体）の観点（権力性、人権保障、行政専門性、地域経営）から公務・公共サービスの産業化を評価してみましょう。

例として窓口業務の民間委託の是非を考えてみると、直営の場合、税務における滞納対応を福祉部署につなげるといった、現場レベルの自治体職員の権力性と人権保障の観点を踏まえた裁量性が発揮できることがあげられます。また、自治体職員は窓口業務における住民とのコミュニケーションにもとづく現場での裁量性、部署間の連絡調整、政策へのフィードバックといった役割は行政職員としての専門性が高度にもとめられます。それゆえに、窓口業務を安易に民間委託することにはきわめて慎重でなければなりません。

もう一つの例として、図書館への指定管理者制度導入の是非を考えてみましょう。まずは社会教育機関としての図書館の役割を確認することが大切です。図書館は住民の学習権を保障する機関なのです。図書館の民間事業者への指定管理を行えば、民間事業者の扱う書籍を購入するなど利益相反のおそれが出てきます。また、司書等の専門性が確保されず、社会教育の観点が欠如するおそれもあります。

さらに、自治体における AI の活用について考えてみましょう。IoT、ビッグデータ、AI を中心とした「第 4 次産業革命」は、医療、交通、公共サービスなどの質や利便性・効率性を高め、人々の生活を助ける可能性があります。しかし、資本主義社会においては、技術革新がもたらす新たな経済活動に伴う社会的費用や社会的損失を企業が負担せず、政府の対策が後回しになるおそれがあります。この点は公害の経験を想起すればよいでしょう。AI の「栄養源」はビッグデータであり、オープンガバメントにより公共部門等がもつ健康情報を含む個人情報が企業に提供され、危険にさらされます。AI・ビッグデータはそのモデルしだいで「数学破壊兵器」となるのです（キャシー・オニール 2018、参照）。また、AI は戦略的軍事技術として位置づけられていることにも注意が必要です。

自治体が利用する AI は民間企業が提供することになります。公共部門における AI・ビッグデータ活用は、行財政合理化、公共サービス産業化、行政のビッグデータの産業への提供という目的が優先されれば、公共性や住民のプライヴァシーが犠牲になるおそれがあり、慎重な検討のうえでの活用がもとめられます。RPA（ロボティック・プロセス・オートメーション）や AI をうまく活用すれば、業務量の軽減となり、自治体職員は住民と向き合う仕事や政策立案に力を注ぐことができる可能性があります。しかし、自治体戦略 2040 構想は、業務量軽減を公務員半減化につなげるねらいがあります。公共サービスの直接提供からの撤退、公務員大幅削減が行われるとともに、残った公務員も住民とコミュニケーションをとる公務員と圏域マネジメントを担う公務員への分業が進むかもしれません。そうなれば、公共サービスの現場を踏まえた公共サービスの改善や政策づくりが機能しないことになりかねません。現場をもたない自治体職員では公共サービス提供企業をコントロールできないからです。公共サービス市場における企業間競争の結果、独占的優位（AI 等を含む）が確立すれば、企業による自治体支配が確立することになるでしょう。また、中枢都市・中心都市による圏域マネジメントが中心になれば、5 万人未満の市町村の自治権が実質的に大幅に失われることによる影響はきわめて大きいものになるでしょう。そうなれば、その地域の特質や住民ニーズにもとづく自治体行政が保証されません。住民自治の空洞化が起こり、5 万人以上の自治体を含め、府省の施策（アプリケーション）の執行機関としての自治体へと変質していきます。圏域マネジメントを担う自治体職員は府省の施策を忠実に執行することになるのです。以上のような不都合な未来図は、本章で整理した公共性の観点から分析すれば、杞憂に終わるとは言えません。AI への対応は、自治体業務の軽減やサービスの向上という利点を重視するあまり地方自治と公共性に対する重大な変質を許すような活用に対して、厳しく評価し、慎重な検討が求められるのです。

最後に、今回の新型コロナ問題にたいする政策を考えてみましょう。新型コロナウイルス禍の性格をまずはどう認識するかが重要です。新型コロナウイルスによる感染症の世界的流行は、公衆衛生の問題であることは間違いありませんが、それだけではありません。岡田（2020a）が提起するように、感染症による被害を自然災害として捉える観点が有益です。ここで注意すべきことは、現代における大規模な自然災害は社会的性格を強くもっており、自然災害に対する備えや政策の問題として分析する必要があることです（宮本 2007、128 ページ、参照）。新型コロナによる災害には素因としてのウイルスそのものの流行とともに、拡大因としての感染症に対する備えや医療体制などの社会的要因をみる必要があるのです。

今回の新型コロナ禍を災害として捉えれば、それに対する政策の枠組みとして、以下の点を考慮する必要があります。第一に、被害実態を総合的に把握することです。第二に、被害の原因を明らかにすることです。第三に、被害者へのケア・補償と生活・経営の維持・再建を行うことです。第四に、災害に対する備えや予防を重視することです。

第一に、新型コロナによる被害の実態は明らかになっているでしょうか。また、被害の全体像を把握する努力が行われているでしょうか。まず、検査の不十分さから健康被害の全体像が十分に明らかになっていません。さらに、新型コロナによる被害は健康被害だけでなく、コロナ対策に伴う企業・事業者の経営難・倒産、失業、収入減などの経済的被害、生活困難を含みます。また、経済的被害や生活困難は健康悪化や自殺率の増加につながることが知られています（デヴィッド・スタックラー＆サンジェイ・バス 2014、参照）。さらに、新型コロナによる被害は、生物学的弱者とともに社会的弱者に集中していることがあります。[23] 生物学的弱者である高齢者や基礎疾患を有する方々により重症化や死に至るリスクが高いことが明らかになっています。また、社会的弱者への被害が大きいことは、ニューヨーク州における死者が黒人やヒスパニック系が多いことが明らかになったことや、シンガポールの感染者の多くが外国人労働者であることなどから明らかになっています。日本においても社会的弱者がより感染リスクにさらされている実態を把握しなければなりません。また、経済的被害については明らかに社会的弱者に集中しており、こうした点を含む被害の全体像を明らかにしなければなりません。

第二に、被害の原因を明らかにすることですが、自然的要因のみでなく、拡大因としての社会的要因を重視して原因を明らかにしなければなりません。今回の新型コロナに対しては、感染症に対する備えの問題を別にすれば、政策的対応の遅れや失敗があげられます。特に、感染症対策・医療対策と経済社会活動の維持という2つの重要な目的に照らして検証されなければなりません。

第三に、被害者へのケア・補償と生活・経営の維持・再建に関しては、今回の新型コロナにおいて多くの問題が起こりました。被害者へのケアという点では、必要な検査にもとづく早期発見、早期治療の不十分性が指摘されています。また、医療機関に必要なマスク、防護服等の機器の不足が問題となりました。被害者への補償という点では、今回、

23　被害が生物学的弱者および社会的弱者に集中する点は、公害被害と共通するものがあります。公害被害については、宮本（2007）を参照。

政府の方針を受けて都道府県による休業要請が出されましたが、補償とセットではありませんでした。このことは、被害に対する補償原則に則っていないという重大な問題点となっています。生活・経営の維持・再建という点では、被害への補償がないなかで、先にみたように第一次補正予算によって現金給付や税・公共料金等の延納・減免等が講じられ、今後の第二次補正予算によって追加的な支援策が講じられる必要がありますが、それらが十分なものとなるか検証されねばなりません。

第四に、新型コロナのようなやっかいな感染症に対する備えや予防という観点から、公衆衛生や医療体制について評価し、改善しなければなりません。今回の新型コロナへの備えという点では、保健所の統廃合の影響、検査体制の不十分性とともに集中治療室や人工呼吸器、ECMOなどの少なさ、および集中医療を含む医療の人的体制の弱さが指摘されています。また、保健所、地方衛生研究所、自治体病院などの体制の拡充や地域における医療機関の連携協力体制などについての検証と対策が求められます。さらに、新型コロナに対する持久戦に対応しうる対策が求められる今、第1章で紹介したように、新型コロナの第二波に備え、児玉（2020）が提起するように全般的な対策の再構築が喫緊に求められます。

以上のような分析の観点から、自治体の取組みや予算を評価することが重要です。予算分析については本書では展開できていません。緊急時には政府の補正予算では不十分であり、機動的に対応するために、自治体の財政調整基金や減債基金（任意積立分）を取り崩す必要があります。新型コロナへの対応において、これまでの緊縮財政にこだわらず、基金を取り崩して機動的に対応するかが問われています。ちなみに、2019年度決算見込みベースでみると、財政調整基金は東京都9345億円、大阪府1564億円、愛知県953億円、神奈川県610億円などとなっています。これに減災基金（任意積立分）を合わせてみれば、緊急時に投入できる財政基金の額が把握できます。基金が特に不足しているのが京都府であり、財政調整基金、減災基金（任意積立分）はともにゼロです。活用できる基金に限界がある場合には、予算の組み換えで対応しなければなりません。大型建設事業などを中止、あるいは先送りし、必要な一般財源を確保しなければなりません。予算の組み換えを行うかどうかに自治体の緊急対応への姿勢をうかがうことができます。この点では、残念ながら政府は2020年度当初予算を全く組み替えなかったことがありますが、政府に倣う必要はありません。基金においても特定目的基金を議会の承認のもとで用途変更し、活用することも考えられます。さらには、市場公募債発行団体については、30年償還ルールにもとづく基金を積み立てており、緊急時に償還に支障のない範囲で取り崩すこともありえます。このように大規模災害という危機下における自治体財政のあり方をよく検討することが大切です。

10. これからの地方財政

本書をつうじて人口減少と危機下における地方自治と地方財政をめぐる現状と改革論を検討してきました。最後に本章では、本書のまとめとして、これからの地方自治と地方財政のあり方について考えていきます。

1　21 世紀日本の課題と地方自治・地方財政

21 世紀日本が直面する問題は何でしょうか。ここではあらためて自治体に関わる課題として５つの問題を考えてみましょう。第一に、人口減少、高齢化に伴い公共部門にのしかかる危機です。我が国では、平均余命の延伸がみられる一方、平均寿命と健康寿命との差はあまり縮まっていません[24]。さらに認知症の高齢者の増加、入院・介護需要増大がみられ、その傾向が続くことが予測されています[25]。それに対して、医療・介護人材については労働力人口の減少によって人材不足が深刻さを増していくことが予測されています[26]。また、少子化のなかで学校や地方大学の経営などの課題も深刻化するでしょう。さらに、人口減少下において都市がスポンジ化するなかでインフラ・公共施設の老朽化が進行しており、インフラ・公共施設の維持管理、更新費をまかなうために今後は住民負担が増大していくことも予想されます。

24 『平成 30 年度高齢社会白書』によれば、平均寿命と健康寿命との差は、男性では、2001 年の 8.67 年から 2010 年の 9.13 年と開いており、その後 2016 年の 8.84 年とやや縮小しており、女性でも、2001 年の 12.28 年から 2010 年の 12.68 年と開いており、その後 2016 年の 12.35 年とやや縮小しています。

25 認知症推定患者数が将来増加する推計については、『厚生労働科学研究費補助金（厚生労働科学特別研究事業）日本における認知症の高齢者人口の将来推計に関する研究総括研究報告書（研究代表者　二宮利治）』2014 年度、参照。

26 経済産業省の推計によると、2035 年時点で介護職員が 68 万人不足するという。経済産業省「将来の介護需要に即した介護サービス提供に関する研究会報告書」2016 年度、参照。

第二に、社会の不安定性の拡大です。日本社会において生活水準の低下や将来不安が広がっています。国民生活基礎調査によれば、全世帯の世帯当たり所得は2004年をピークに低迷しており、子どものいる世帯の世帯当たり所得は2006年をピークに低迷しています（厚生労働省『平成26年度国民生活基礎調査』、参照）。子どもの貧困問題は特に都市部で深刻です（浅井2017、参照）。その背景の一つには非正規労働者の増大があり、格差社会の問題は深刻化を増しています[27]。また、外国人労働者問題には日本社会の不安定性が集中的に表れています。特に外国人技能実習生や留学生の過酷な労働環境については、メディアや国会でも大きく取り上げられています（堤2018、参照）。

第三に、大規模災害リスクの増大です。日本列島は地震が多発する激動期にあると言われており、震災リスクは増大しています。さらに、台風、豪雨災害が頻発しており、日本社会の災害リスクに対する脆弱性が露呈しています。今回の新型コロナウイルス禍も自然災害として位置付けることができますが、ここでも日本社会と公共部門の感染症リスクに対する脆弱性が明らかになりました。

第四に、東京一極集中と東京圏における社会的リスクの増大です。東京一極集中是正をかかげた地方創生政策にも関わらず、東京一極集中は止まっていません。そのなかで、東京圏においては大規模災害リスクに加えて、医療・介護需要増大と医療・介護人材の不足が深刻化しています。

第五に、日本経済および地域経済の衰退傾向に歯止めがかかっておらず、長期的な経済停滞が家計所得の減少と生活水準の低下をもたらし、地域経済社会の危機をもたらしていることです。

以上の問題に対して政府とともに自治体の対応がきわめて重要にな

27　総務省の「労働力調査」等をもとにした内閣府資料によると、役員を除く全雇用者のうち非正規労働者は2017年度には2,036万人、37.3%となっています。

ることから、政府の政策とともに地域課題に対応する自治体の体制強化と政策展開が求められます。

2 21世紀日本社会の問題の背景と解決の方向性

以上で整理した21世紀日本社会の課題の背後にあるものは何でしょうか。あるいは日本社会の危機の原因は何でしょうか。日本社会の危機の要因を長期的な経済停滞に求める議論があります。長期的な経済停滞が国民の所得を減少させ、財政赤字を拡大させるなかで財政の再分配機能を制約し、社会の不安定性をもたらしたというのです。また、そもそも長期的な経済停滞を生み出した政策的要因と責任の所在はどうかといった論点も出てくるでしょう。そうした観点から消費税引き上げや緊縮政策を批判し、転換を図ることは重要です。また、新型コロナ恐慌の様相を示している状況においては、新型コロナ禍の収束を図るとともに、大規模な経済対策を実行することは不可欠です。しかし、問題は、消費税を引き下げ、緊縮政策を転換するだけで、経済成長を取り戻し、日本社会の再生が実現できるのかということです。日本社会の再生と経済発展を実現するには、アベノミクスからの転換を図るとともに、中長期的なビジョンのもとで新たな経済発展モデルを模索しなければなりません。

他方で、長期的な日本社会の再生を図るためには、デフレ問題や経済成長の問題とは別に、人口減少社会に対する成長に依存しない社会システムへの転換こそが求められるのではないかという議論があります。社会システムの問題は、国・地方をつうじた財政の基本的考え方やあり方と大きく関わります。巨額の財政赤字を背景として財政の再分配機能の不全が貧困と格差拡大、あるいはインフラ、災害予防の不全につながっており、それらが不安社会を助長しています。大勢の人々が将来不安におびえるなかで、弱者切り捨てが受け入れられてしまう状況も指摘されています。[28] また、災害リスクの高まりの背景には、人口増大期における災害リスクを考慮しない開発、土地利用の転換の遅れがあったと考えられます。

しかしながら、安倍政権における政策動向は、公共部門を強化し、人口減少下における成長に依存しない社会システムを構築するといった方向とは全く異なるものです。アベノミクスの目標である経済成長のために公共サービスの産業化をはじめ、公共部門の資源を民間部門にシフトする方向性が基本となっているからです。さらには公共部門に集約されているビッグデータをオープン化し、産業界のイノベーションと経済成長につなげていくというねらいがあからさまになっています。しかし、公共部門を弱体化させる成長戦略が経済の持続可能性を棄損してしまうことは、今回のコロナ禍をみても明らかです。

今、地方自治は、二層制の地方自治を維持しながら多様な基礎的自治体の存立と独自性を認めるとともに、都道府県が広域・補完・連絡調整といった機能を発揮して市町村と連携しながら**自治拡充型福祉国家・社会**[29]への地道な努力を続けるのか、それとも都道府県と市町村を実質的に消滅させ、金井利之氏の言葉を借りれば、国の府省庁の政策・施策を実行する新たな時代の普通地方行政官庁としての「圏域」と「圏域外を担う府県」という中央集権的地方統治構造に変えていくのかという岐路に立っています（金井 2018、参照）。

さらに、地方自治を根本から変質させる改革方向が、安倍政権におけるSociety 5.0を実現するための「未来投資戦略」および経済成長と財政再建の達成を目指す骨太方針の従属変数として打ち出されていることに注意が必要です。政府の人口長期ビジョンが出された際、神野直彦氏は、「人間を目的とした社会」ではなく「人口を目的とする

28　井手（2018）は、こうした状況を「中の下の反乱」として描いています。

29　自治拡充型福祉国家・社会については、平岡和久「地方財政の動向と改革課題」（平岡・自治体問題研究所 2014）、参照。

社会」になる危険性について厳しく警告しましたが（神野 2015、参照）、それになぞらえれば、未来投資戦略と自治体戦略 2040 構想は、「人間を目的とする社会」ではなく、結果として「データを目的とする社会」を構想する危険性があります。Society 5.0 にかかわってビッグデータを効率的に集め、オープン化することによって新たな経済成長を目指すことが優先されるからです。そのための手段として自治体戦略 2040 構想は、AI、ICT、ロボティックス等による標準化と圏域行政化によって地方自治を破壊しながら公務員半減化を目指し、それによって若者労働力を含む経営資源を民間部門に振り向け、地方財政の「軽量化」を図ろうというのです。

しかし、地方自治と公共性を破壊しては 21 世紀日本において維持可能な社会を展望できませんし、経済成長そのものも実現しません。21 世紀日本の社会システム転換の可能性は、地方自治の拡充と公共部門の強化なくしては語れないからです。多様な地域における多様な自治体の存立と独自性の発揮があってこそ、維持可能な社会を目指せるのです。

環境容量からみればある程度の人口減少は望ましいと考えられます。人口減少は経済的価値一辺倒から非経済的価値を含む人間中心の社会への転換のチャンスでもあります。

ただし、国民の希望出生率と合計特殊出生率との差の根底には政府の政策の失敗があります。国民、住民の希望をかなえるための抜本的かつ総合的な対策が必要なのです。

また、大きな問題として、日本では東京一極集中が止まらず、欧米のような「逆都市化」（人口減少に伴う都市の縮小）はあまり進んでいないことがありますが、東京一極集中促進策を維持しながら、地方に人の流れをつくるよう頑張れという矛盾した政策が逆都市化と田園回帰への流れを抑制しています。その背景には東京圏を頂点とする拠点都市が日本経済の成長拠点であるという経済主義的認識があり、そこを転換する必要があります。東京一極集中促進政策からの転換を図らねばなりません。ICT の発展を逆都市化と田園回帰の条件づくりに活かす必要があります。

当面する地方財政の課題は政府予算と地方財政計画です。2020 年度政府予算と地方財政計画は、これまでの地方財政抑制政策の継続が基本となっており、新自由主義的緊縮政策と集権的地方財政改革のなかで疲弊した地域と自治体財政の困難を改善するには程遠いものです。消費税増税の財源を活用した社会保障施策や地方法人課税の偏在是正による一般財源確保も、消費税増税による地域経済へのブレーキ効果によって相殺されてしまうでしょう。

これまでの地方財政計画の実質前年度同水準ルールを転換することなしには、自治体財政の充実はないのであり、自治体財政の充実なしには地域の困難な課題を抜本的に改善することはできません。

そのためには、自治体現場が緊縮政策や自治体戦略 2040 構想に追随して自治体リストラと緊縮財政を先取りするのではなく、地域で必要な公共部門の役割に対する住民合意をもとに地域財政需要に応えようとするぎりぎりの努力を続けるとともに、自治体財政の充実とそのための国・地方財政の抜本的な改善を国に求めていかなければなりません。

3　人間中心の地域再生・内発的発展と地方財政

人口減少は一人ひとりの個人の尊重をより明確に意識するきっかけともなりえます。人口減少に対応したまちづくり、地域づくりは人間中心のものでなければなりません。そのためには、コミュニティの維持に配慮し、住民参加にもとづく多角的・総合的な検討と徹底した熟議のうえで合意形成を進める漸進的なプロセスをとるべきです。

地域の諸主体が自分たちの地域の総合的把握と地域コミュニティ自治を基礎とした市町村自治のもとで協同する、地域の人材、資源、技術を生かした内発的な取り組みが大切です。

そのためにはボトムアップ型の計画づくりと実施組織づくりが鍵となります。行財政情報の徹底した共有化に基づき、住民参加による徹底した学習と熟議を保障しなければなりません。そのための条件として、憲法理念にもとづく平和と基本的人権の確立をめざす地方自治の充実が求められます。

人間中心の地域社会を再生するためには、強靭で安心・安全な社会づくりに向けた再分配政策の強化と基礎的サービスの無償化、土地利用計画の見直し、インフラの張替え、それらの財源を保障するための税財政改革などが求められます。つまり、自治拡充型福祉国家・社会を支える税財政改革が必要となります。また、都市と農山漁村の再生、大型開発・外来型開発からの転換、地域内経済循環の確立を含む内発的発展の視点が重視されねばなりません（岡田 2020b、参照）。また、今回の新型コロナ禍のようなグローバル化によるリスクに対応して、重層的な自給圏の形成を重視しなければなりません。地域においては、内橋克人氏の提唱する FEC 自給圏（Food、Energy、Care）（内橋 1995、参照）に木材（Wood）自給を付け加えた FECW 自給圏の構築が求められます。なかでも地域に根差した再生可能エネルギー事業や地域産材を活用した木材関連産業の発展が期待されます。また、小田切徳美氏は新しい地域経済の原則を提起しています。第一は、「地域資源の保全的利用を行う内発的産業」を進めるという原則です。この原則は宮本憲一氏が内発的発展論において提起した原則でもありますが、グローバル経済のリスクの増大のなかで自律的な経済が求められる今、その重要性が増しています。第二は、「地域内経済循環型経済構造の確立」の原則です。この原則は、これまで外部から調達してきた財・サービスを域内に「取り戻す」戦略につながります。身近な地域の消費者・住民のニーズに応えたイノベーションと地域内市場の発展が期待されるのです。第三は、「地域経済の多業化」の原則です。特に、農山村では、農林業だけでなく教育、環境、福祉など多様な分野における「業」を再構築していくことによって持続性を高めることが期待できます（小田切 2018、参照）。

自治拡充型福祉国家・社会と内発的発展のための地方財政改革のアウトラインは、平岡（2014）における第 9 章「内発的発展の地方財政改革の提案」において提案しています。そのポイントは、第一に、全国的に重層的な所得保障と基礎的サービスの無償提供の税財源基盤を確立するために、中央政府による法人税増税、累進所得税の強化、相続税の強化を図ることです。第二に、自治体の財政自主権の拡充、地方税の拡充、地方交付税による一般財源保障の拡充、および人権保障を担保するための現金給付・保険・社会サービスに係る国庫補助負担金の維持・拡充を図ることにあります。また、自治体戦略 2040 構想にみられるようなサービス供給体制の効率化・一元化を優先した地方統治改革による地方自治の破壊の方向ではなく、地方自治の維持・拡充の方向での自主的行財政改革、自治体間の対等平等な連携を図らねばなりません。

21 世紀の日本社会が抱える課題の最前線である自治体、コミュニティにおいて課題解決のための公共部門強化と地方自治拡充が不可欠な時代なのです。なかでも公務労働者の役割はきわめて重要となります。そのためにも、自治体戦略 2040 構想は抜本的に見直されるべきであり、また、それを先取りした集権的地方財政改革も抜本的に転換されねばなりません。

あとがき

本書は、当初、「人口減少時代の地方行財政」のタイトルで既発表の論説等をもとに書き進めてきました。そこに、新型コロナウイルス感染症問題が起こってきました。そこで、新型コロナ禍による経済社会の危機の問題も取り上げることにしました。この問題は現在進行中であり、本書が出版される頃には事態が急速に変化しており、本書の内容で修正しなければならない事項も出てくるでしょう。とはいえ、「人口減少時代の地方行財政」の問題と「危機における地方行財政」の問題を統一的に捉える必要があると考えました。

本書は、地方自治の現場で、緊縮政策のもとで、新型コロナ問題をはじめ切実な課題に直面し、日々奮闘されている方々はもちろん、関心のある方々にもお読みいただきたいとおもっています。

新型コロナに対する緊急事態宣言については、新規陽性者数および入院患者数が減少し、医療体制に余裕が生じた状況を受け、5月14日には8都道府県を除いて解除され、5月21日には、近畿2府1県が解除され、さらに5月25日には残る首都圏の1都3県および北海道が解除となりました。欧米等に比して「甘い」対策であったにもかかわらず、欧米等と比して人口当たりの陽性者数や死亡者数が低く抑えられている要因については、いまのところ明らかではありません。

新型コロナの日本経済への影響は深刻さを増しています。5月18日の内閣府の発表（速報値）によれば、2020年1〜3月期の実質GDPは前期比で年率3.4%減となりました。緊急事態宣言が発出された2020年4〜6月期のGDPはさらに大きく落ち込むことが必至です。日本経済新聞によると、2020年4〜6月期の実質GDPの前期比は、民間のエコノミストの予測の平均値で年率21.2%減となっています。また、多くのエコノミストが回復に時間がかかるという見方をしています（『日本経済新聞』2020年5月19日付)。

さらに、多くの専門家が今後の秋・冬における第二波、第三波を予想し、そのための対策を講じることの重要性を指摘していることから、検査から追跡、隔離・治療にいたる体制の徹底した構築と、社会経済活動の維持・再生をはかっていかねばなりません。そのためには、政府による第二次・第三次の補正予算がポイントとなります。特に、地方団体からは、新型コロナウイルス感染症緊急包括支援交付金の増額および事業メニュー・対象経費の見直し・拡充などとともに、新型コロナウイルス感染症対応地方創生臨時交付金の飛躍的増額が要求されています。また、自治体は住民生活の最前線の守り手として、政府の補正予算を待たず、地域の実情に即して迅速な予算措置と対策を進めなければなりません。

新型コロナへの対策は一過性のものであってはなりません。また、惨事に乗じて支配的勢力がこれまでなしえなかったことをゴリ押しすることがあってはなりません。憲法への緊急事態条項の創設論、混乱を引き起こす9月入学の検討、地方自治や個人情報保護に重大な問題を孕むスーパーシティ法案などがそれにあたります。

いま、問われているのは新自由主義的グローバリズムと緊縮政策です。グローバル化によるリスクに対応するには、新自由主義を克服し、公共部門の強化を図るとともに、自国経済の自律性とレジリエンスを高める必要があります。また、地域の安全確保、地域経済の維持・発展および住民生活の共通基盤の維持・整備のためには、その最前線の公共部門である自治体の強化とそのための地方自治の拡充が不可欠です。

また、いま、民主主義と地方自治が試されています。新型コロナ禍に対して民主主義と人権を制約し、集権的な対策をとる国がある一方、ボトムアップ型民主主義や地方自治を重視し、私権を制限する場合でも情報共有と国民・住民の命を守るうえでの必要性についての国民的・市民的合意を基盤としている国・地域もあります。新型コロナにみられるグローバル化がもたらす危機に対して、民主主義と地方自治を鍛える絶え間ない努力が求められているといえるでしょう。

本書の出版にあたっては、自治体研究社の深田悦子さんにお世話になりました。また、下関市立大学の水谷利亮さんに原稿を読んでいただき、ご指摘いただきました。記して感謝を申し上げます。

＊本研究の成果の一部は、JSPS 科研費 JP19K01479（研究代表者：水谷利亮）の助成を受けたものです。

参考文献一覧

・浅井春夫『「子どもの貧困」解決への道：実践と政策からのアプローチ』自治体研究社、2017年
・石弘之『感染症の世界史』KADOKAWA、2014年
・磯部力「『分権の中味』と『自治の総量』」『ジュリスト』1031号、1993年、31-38頁
・井手英策『幸福の増税論―財政はだれのために』岩波新書、2018年
・伊藤元重『日本経済を創造的に破壊せよ！』ダイヤモンド社、2013年
・稲継裕昭『AIで変わる自治体業務』ぎょうせい、2018年10月
・今井照「自治体戦略2040構想研究会報告について」『自治総研』2018年10月、1-24頁
・今井照「スタンダード化という宿痾―広域連携と合併との振り子運動を脱却するために」『ガバナンス』2018年9月、20-22頁
・内橋克人『共生の大地―新しい経済がはじまる』岩波新書、1995年
・岡田知弘『公共サービスの産業化と地方自治』自治体研究社、2019年
・岡田知弘（2020a）「『コロナショック』に立ち向かうために」『議会と自治体』2020年5月、5-12頁
・岡田知弘（2020b）『増補改訂版　地域づくりの経済学入門』自治体研究社、2020年
・岡田晴恵『どうする!?　新型コロナ』岩波書店、2020年
・小田切徳美・尾原浩子『農山村からの地方創生』筑波書房、2018年
・尾林芳匡・入谷貴夫編著『PFI神話の崩壊』自治体研究社、2009年
・片山善博「人口減少下の基礎的自治体・広域自治体を展望する」『ガバナンス』2018年9月、14-16頁
・金井利之「府県と市町村の消滅―国・都道府県・市町村の三層制から国と圏域・圏域外府県の二層制へ」『ガバナンス』2018年9月、23-25頁
・金子勝「電力会社を解体し、賃金と雇用が増える、地域分散型経済をつくる」金子勝・大沢真理・山口二郎他『日本のオルタナティブ』岩波書店、2020年
・金明中「日本が韓国の新型コロナウイルス対策から学べること（1）（2）（3）」ニッセイ基礎研究所『研究者の眼』2020年4月7日、4月13日、4月22日
・キャシー・オニール　久保尚子訳『あなたを支配し、社会を破壊するAI・ビッ

グデータの罠』インターシフト、2018 年
・児玉龍彦「『全国一律のステイホームは日本を滅ぼす』児玉龍彦・東大名誉教授がぶった切る緊急事態宣言 5 月末まで延期」『週刊朝日』オンライン限定記事、2020 年 5 月 4 日、https://www.msn.com/ja-jp/news/coronavirus/「全国一律のステイホームは日本を滅ぼす」児玉龍彦・東大名誉教授がぶった切る緊急事態宣言 5 月末まで延期 /ar-BB13yxDY
・小原隆治・長野県地方自治研究センター編『平成大合併と広域連合：長野県広域行政の実証分析』公人社、2007 年
・榊原秀訓「イギリスにおける PFI の『終焉』と現在の行政民間化の論点」『南山法学』42 巻 3・4 号、2019 年 6 月、161-191 頁
・坂本誠「地方創生政策が浮き彫りにした国―地方関係の現状と課題―「地方版総合戦略」の策定に関する市町村悉皆アンケート調査の結果をふまえて―」『自治総研』474 号、2018 年 4 月、76-100 頁
・佐藤卓利「地域に保健・医療・福祉のネットワークを―京都式地域在宅包括ケアシステム」を検討する―」京都自治体問題研究所・京都府政研究会編『地域に保健・医療・福祉のネットワークを』2014 年 1 月
・白藤博行『新しい時代の地方自治像の探究』自治体研究社、2013 年
・白藤博行「地方自治保障なき『自治体戦略 2040 構想』」『地方自治職員研修』2018 年 11 月、30-33 頁
・白藤博行・岡田知弘・平岡和久『「自治体戦略 2040 構想」と地方自治』自治体研究社、2019 年
・白藤博行「『自治体戦略 2040 構想』と第 32 次地制調による法制化の検討」、白藤・岡田・平岡『「自治体戦略 2040 構想」と地方自治』自治体研究社、2019 年
・神野直彦「国は人口政策を間違ってはいけない」『住民と自治』2015 年 9 月、6-7 頁
・全国小さくても輝く自治体フォーラムの会・自治体問題研究所編『小さい自治体　輝く自治：『平成の大合併』と『フォーラムの会』』自治体研究社、2014 年
・高尾真紀子「日本版 CCRC の課題と可能性：ゆいま～るシリーズを事例として」法政大学地域研究センター『地域イノベーション』10 巻、2018 年 3 月、85-93 頁
・高寄昇三「地域経営の理論と歴史」日本地方自治研究学会編『地域経営と地方行財政』税務経理協会、1993 年

・辻琢也「連携中枢都市圏構想の機制と課題」『日本不動産学会誌』第29巻第2号、2015年9月、49-55頁
・堤未果『日本が売られる』幻冬社、2018年
・デヴィド・スタックラー＆サンジェイ・バス『経済政策で人は死ぬか？　公衆衛生学から見た不況対策』草思社、2014年
・外川伸一「『地方創生』政策における『人口のダム』としての二つの自治制度構想―連携中枢都市圏構想・定住自立圏構想批判」『大学改革と生涯学習：山梨大学生涯学習センター紀要』第20号、2016年3月、31-48頁
・富山和彦『なぜローカル経済から日本は甦るのか：GとLの経済成長戦略』、PHP研究所、2014年
・日本建築学会編『公共施設の再編：計画と実践の手引き』森北出版、2015年
・「特集『基礎自治体』の行方」『ガバナンス』2018年9月
・公益財団法人日本都市センター編『広域連携の未来を探る：連携協約・連携中枢都市圏・定住自立圏』2016年3月
・中山徹『人口減少と地域の再編：地方創生・連携中枢都市圏・コンパクトシティ』自治体研究社、2016年
・初村尤而『新版　そもそもがわかる自治体の財政』自治体研究社、2019年
・平岡和久「アベノミクス下の京都府財政」京都自治体問題研究所・京都府政研究会編『暮らしを支える京都府であるために』、2013年
・平岡和久・自治体問題研究所編『新しい時代の地方自治像と財政　内発的発展の地方財政論』自治体研究社、2014年
・平岡和久「地方財政と『地方創生』政策」岡田知弘・榊原秀訓・永山利和編著『地方消滅論・地方創生政策を問う』自治体研究社、2015年
・平岡和久「『地方創生』政策と連携中枢都市圏構想」『住民と自治』2016年4月、6-7頁
・平岡和久「『地方創生』と自治体間連携」水谷利亮・平岡和久『都道府県出先機関の実証研究：自治体間連携と都道府県機能の分析』法律文化社、2018年
・平岡和久（2019a）「地方交付税解体へのシナリオ―『自治体戦略2040構想』の求める地方財政の姿」白藤博行・岡田知弘・平岡和久『「自治体戦略2040構想」と地方自治』自治体研究社、2019年
・平岡和久（2019b）「『自治体戦略2040構想』と地方自治・地方財政」『自治と分権』第75号、大月書店、2019年、68-78頁

・平岡和久（2019c）「連携中枢都市圏と地方財政」『住民と自治』2019年6月、20-23頁
・平嶋彰英「ふるさと納税の現状に思うこと」『税』2019年11月、27-31頁
・藤井聡『「10％消費税」が日本経済を破壊する』晶文社、2018年
・藤井浩『誇りについて　上野村長　黒澤丈夫の遺訓』上毛新聞社、2013年
・本多滝夫「連携中枢都市圏構想からみえてくる自治体間連携のあり方」『住民と自治』2016年4月、8-12頁
・本多滝夫「地方創生と自治体間連携」日本地方自治学会編『地方創生と自治体』敬文堂、2018年
・牧野光朗編著『円卓の地域主義』事業構想大学院大学出版部、2016年
・松島貞治・加茂利男『安心の村は自律の村（新版）』自治体研究社、2004年
・真山達志・今川晃・井口貢編著『地域力再生の政策学　京都モデルの構築に向けて』ミネルヴァ書房、2010年
・水谷利亮「地方自治と府県出先機関の機能」村上博・自治体問題研究所編『都道府県は時代遅れになったのか？』自治体研究社、2010年
・水谷利亮「高齢者支援システムと行政システム」田中きよむ・水谷利亮・玉里恵美子・霜田博史『限界集落の生活と地域づくり』晃洋書房、2013年
・水谷利亮・平岡和久『都道府県出先機関の実証研究－自治体間連携と都道府県機能の分析』法律文化社、2018年
・水谷利亮「小規模自治体と圏域における自治体間連携―地方・「田舎」のローカル・ガバナンスの検討―」石田徹・伊藤恭彦・上田道明編『ローカル・ガバナンスとデモクラシー』法律文化社、2016年
・水谷利亮「小規模自治体の行方―「多元・協働型自治」モデルを求めて―」『住民と自治』2019年3月、40-43頁
・宮本憲一『公共政策のすすめ―現代的公共性とは何か』有斐閣、1998年
・宮本憲一『新版　環境経済学』岩波書店、2007年
・村上博『広域行政の法理』成文堂、2009年
・村上博「自治体戦略2040構想研究会の『第一次・第二次報告』と地方自治」『自治と分権』74号、2019年1月、66-76頁
・森裕之『市民と議員のための自治体財政』自治体研究社、2020年
・山崎史郎『人口減少と社会保障』中公新書、2017年
・山﨑重孝「地方統治構造の変遷とこれから」総務省『地方自治法施行70周年記

念自治論文集』、2018 年
・横山彰「連携中枢都市圏の実態と比較分析」『中央大学政策文化総合研究所年報』第 21 号、2017 年、73-93 頁
・渡辺治「安倍政権とは何か」渡辺治・岡田知弘・後藤道夫・二宮厚美『〈大国〉への執念：安倍政権と日本の危機』大月書店、2014 年
・内閣府・地方創生推進事務局「地方創生推進交付金事業の効果検証に関する調査報告書」（2019 年 2 月）
・日本弁護士連合会「自治体戦略 2040 構想研究会第二次報告及び第 32 次地方制度調査会での審議についての意見書」2018 年 10 月 24 日

初出一覧

本書は、以下の既発表論文を再構成、加筆・補正した部分とともに、書下ろしを行っている。

・平岡和久「ポスト『平成の合併』における小規模自治体と府県の役割を考える」『自治と分権』第 55 号、2014 年、36-50 頁
・平岡和久「『地方創生』政策と連携中枢都市圏構想」『住民と自治』、2016 年 4 月、6-7 頁
・平岡和久「『地方創生』と自治体間連携」水谷利亮・平岡和久『都道府県出先機関の実証研究：自治体間連携と都道府県機能の分析』法律文化社、2018 年
・平岡和久「地方交付税解体へのシナリオ―『自治体戦略 2040 構想』の求める地方財政の姿」白藤博行・岡田知弘・平岡和久『「自治体戦略 2040 構想」と地方自治』自治体研究社、2019 年
・平岡和久「『自治体戦略 2040 構想』と地方自治・地方財政」『自治と分権』第 75 号、大月書店、2019 年、68-78 頁
・平岡和久「連携中枢都市圏と地方財政」『住民と自治』、2019 年 6 月、20-23 頁
・平岡和久「ふるさと納税 6 月から新制度：4 自治体除外で問われる制度の本質的問題点」『住民と自治』、2019 年 7 月、5 頁
・平岡和久「2020 年度政府予算案と地方財政への影響」『住民と自治』、2020 年 3 月、30-35 頁

著　者

平岡　和久（ひらおか　かずひさ）

1960年広島県生まれ。1993年大阪市立大学大学院経済学研究科博士後期課程単位取得退学。高知短期大学助教授、高知大学助教授・教授を経て、2006年4月から立命館大学政策科学部教授。日本地方自治学会理事長、自治体問題研究所副理事長。

主な著書

『「自治体戦略2040構想」と地方自治』（共著）自治体研究社、2019年
『都道府県出先機関の実証研究：自治体間連携と都道府県機能の分析』（共著）
　法律文化社、2018年
『いまから始める地方自治』（共著）法律文化社、2018年
『東日本大震災　復興の検証』（共著）合同出版、2016年
『地域と自治体　地方消滅論・地方創生政策を問う』（共著）自治体研究社、2015年
『地域と自治体　新しい時代の地方自治像と財政』（編著）自治体研究社、2014年
『道州制で府県が消える』（共著）自治体研究社、2013年
『福祉国家型財政への転換』（共著）大月書店、2013年
『検証・地域主権改革と地方財政』（共著）自治体研究社、2010年
『財政健全化法は自治体を再建するか』（共編著）自治体研究社、2008年
『地方財政の焦点：新型交付税と財政健全化法を問う』（共著）自治体研究社、2007年
『新しい公共性と地域の再生』（共著）昭和堂、2007年
『夕張破綻と再生』（共著）自治体研究社、2007年
『セミナー現代地方財政1「地域共同社会」再生の政治経済学』（共著）勁草書房、2006年
『都市自治体から問う地方交付税』（共編著）自治体研究社、2006年

人口減少と危機のなかの地方行財政
―自治拡充型福祉国家を求めて―

2020年6月30日　　初版第1刷発行

著　者　平岡和久
発行者　長平　弘
発行所　㈱自治体研究社
〒162-8512 新宿区矢来町123　矢来ビル4F
TEL：03･3235･5941／FAX：03･3235･5933
http://www.jichiken.jp/
E-Mail：info@jichiken.jp

ISBN978-4-88037-712-4 C0031

DTP：赤塚　修
デザイン：アルファ・デザイン
印刷・製本：モリモト印刷株式会社